D1670655

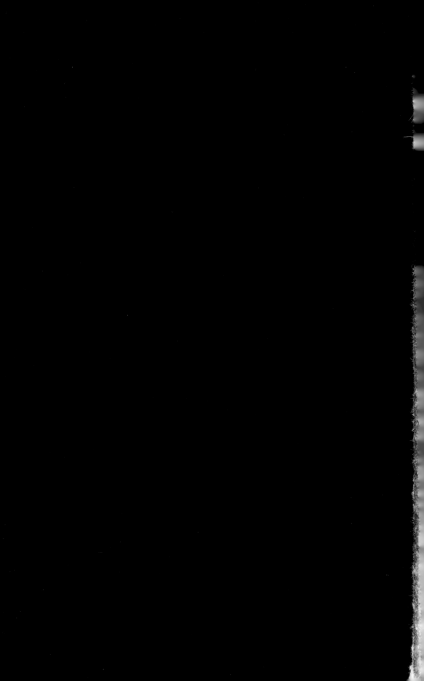

K.G.D.N.W.T.B.

Giovanna-Beatrice Carlesso

K.G.D.N.W.T.B.

Kenneth Goldsmith Did Not Write This Book

Uncreative Writing
Exercise No. 1

Liebe & Ruhm

Liebe & Ruhm
Band 1
Herausgegeben von
Giovanna-Beatrice Carlesso und Mirco Andrea Carlesso

K.G.D.N.W.T.B.
Kenneth Goldsmith Did Not Write This Book
Uncreative Writing
Exercise No. 1

1. Auflage 2019
Alle Rechte vorbehalten
© Giovanna-Beatrice Carlesso, Stuttgart
© Carlesso Verlag, Brackenheim
www.carlesso.de

Satz und Gestaltung:
Carlesso

Umschlagbild:
Mirco Andrea Carlesso:
»Selbstporträt als Giraldus«, 2018, Kohle auf Papier

Druck und buchbinderische Verarbeitung:
Esser printSolutions GmbH, Bretten

Printed in Germany

ISBN 978-3-939333-20-3

Sonntag, 13. Juli

Ökumenischer Gottesdienst. Chor singt mit katholischen Sängerfreunden. Predigt von Dekan über Speisung der Fünftausend dauert überlang. Dabei wollte er es doch kurz machen. Kurz vor 11 Uhr war alles vorüber. Sein Privatstil des Predigens bringt ihn u.a. zur namentlichen Erwähnung von »Gustav S.« und zu der Erwähnung einer bisher ergebnislosen Suche nach Leuten, die sich Alten und Hilfsbedürftigen annehmen.

Es sollte bis in die frühen Vormittagsstunden auf Höchstwerte von 30°C kommen. Weil Marianne trotz dieser Mittagshitze die Fenster nicht gut zugemacht hält, kommt es nochmals zu lautstarken Bemerkungen über schlechtes Befolgen meiner gewiß empfehlenswerten Anordnungen.

Bis zum Abend im Küchele der Weinstraße mit Zeitungsausschneiden beschäftigt. Um 15 Uhr über 'ne halbe Stunde mit Frau B. telefoniert. »Proforma-Grund«: französische Sitzung bei Frl.R. nächsten Donnerstag. Anruf von Georg H.: Er lädt ein zum Umtrunk im Lehrerzimmer ab 12 Uhr 30.

Schönen Abend noch benützt, um »ölfleckige« Blätter, soweit erreichbar (und Leiter: zwölf Sprossen), zu entfernen. Bettina reagiert ablehnend auf mein Ansuchen, morgen die oberen Trauben am Geländer des Balkons zu spritzen (erst wenn ich verspreche, morgens von 4 bis 6 keine Türen mehr knarzen zu lassen).

Es ist fast 22 Uhr, als ich nach Wassertragen im Götzenberg noch zu Marliese und Reinhold fahre. Er hat Besuch aus Meimsheim und richtet mir nach dessen Verabschiedung: Spritzmittel gegen »Peronospora!«. Marliese ist mit den Schweinelisten beschäftigt.

14. Juli

In den Morgenstunden Gefühl von »gelungenem« Bett-nässen. Weiterschlafen nach Wechsel der Schlafanzüge. Der schon abgelegte kommt nochmals dran. Es wird nicht mehr so ganz strahlend sonnig. Margret F. ruft nochmals an: Wann soll das Öl getankt werden? Ich gab zu erken-nen, daß mir vor 14 Uhr nicht recht sei. Nach der Rückkehr vom Mittagessen bei Marianne (13 Uhr 50) muß ich noch bis nach halb 3 warten (bis Tankwagen angerollt kommt). Bei Marianne kommt er zuerst dran: Sie braucht 3900 Liter. Kaminfeger war schon vor 7 Uhr 30 da! Bei Helmut und Irene: um halb 12 ist noch niemand da. Beim Einkauf (Zahnpasta Elmex-Aronal).

Nachtrag: Vormittags bei <u>Godel</u> begrüße ich Klaus W. Oft denke ich an ihn seit Karfreitag, als ich ihn wiedertraf, nach-dem seine Mutter Margarete hochbetagt verstorben (ward). Ich lade ihn ein zu einer gemeinsamen Unternehmung. Mal sehen, ob's was wird.

Nachmittag. Es trübt sich mehr und mehr ein, so daß ich die beabsichtigte Spritzung der von Peronospora bedrohten Kammerzstöcke ~~aufgeb~~ fallen lasse. Bei der Fahrt zur Chor-probe ist es fast so weit, daß sich die Himmelsschleusen öff-nen. Es war gut, den Regenschirm mitzunehmen. Während

6

der Probe setzt dann erst sachte, dann immer kräftiger der Regen ein. Um 10 Uhr (22 Uhr) blieb mir weiter abzuwarten oder den Nachhauseweg mit aufgespanntem Regenschirm auf'm Fahrrad sitzend, wo es ging, hinter mich zu bringen. Kurz vor halb 11, allen Widrigkeiten trotzend, zu Hause in der Küche eingetroffen. Bis nach 22 Uhr weiterregnend in fast unverminderter Heftigkeit. 20 l/m² sollen es gewesen sein. Am 14.7. (einem Montag, an dem es erst im fortgeschrittenen Abend zu regnen angefangen hat) scheint es nicht ratsam, die Kammerzstöcke zu spritzen.

15. Juli

Auch am 15. Juli traue ich dem Wetter nicht, pack's aber mit Spritzen zuerst bei Marianne: Während des Vormittags ist es heller geworden. Erneute regenkündigende, lokal begrenzte Eintrübungen, wo auch ein paar Tropfen runterfallen, lassen mich nicht mehr vom Spritzen abhalten: Zu stark haben die Peronospora-infizierten Blätter an Zahl zugenommen. Die ersten befallenen Trauben mit noch begrenztem Ansteckungsbereich. Bettina ist auf'm Absprung (nach Güglingen zur Arbeit), als ich gegen 16 Uhr mit 4 Liter Brühe in Bütten ankomme. »Kann des net au morgen früh? ... I muß jetzt schnell weg ...« Als ich erkläre, daß Spritzbrühe bis morgen »hinüber« sein könnte, lenkt sie (widerstrebend) ein. Es war in der Tat »l'affaire de peu de minutes ...«

19:45 Vorbesprechung der Aufnahme und Unterbringung der Freunde aus Charnay und Castagnole (großer Saal im Rathaus). Beide Abordnungen treffen am Freitagabend bzw. Sonntagnachmittag ein, die Gäste aus Piemont etwas früher als die aus Charnay. Die vorbereitende Zusammenkunft im Rathaus endet gegen 22 Uhr.

22 Uhr 25 bin ich wieder in meiner Küche. Beim Weggehen Geldbeutel nicht gefunden. Hilfe durch 10- und 20-Scheine aus dem Barauszug.

16. Juli

»Sonnenklarer« Sommermorgen. Frühstücken und Haarewaschen in aller Eile. Morgenradfahrt zu Marianne. Termin beim Neurologen war für 8 Uhr vorgesehen. Fünf Minuten vor 8 Uhr dort eingetroffen. Wolfgang K. ist noch nicht da, gehe in das Wartezimmer. EEG war »im Plan drin«, will mich nicht der Prozedur unterziehen. Kurzes Gespräch über die am 27. Juni ausgehändigte Rechnung von 119,– (wo doch gar nichts passiert ist). Ich bin wieder entlassen. Suche nach dem Geldbeutel ist nach der Heimkehr erfolgreich. In der Blue Jeans, (die ja zwei »Arschtaschen« haben; hab am Dienstag nur in <u>einer</u> der Arschtaschen geguckt), finde ich ihn vor. Aber wo sind jetzt die 30 DM vom Kuvert?

Der warme, sonnige Tag ist gestört durch die zwischendurch aufgenommene Suche nach den 30 DM. (Doch wo bleiben die 30,–? Auf dem Nachttisch liegen sie. Mehr als einmal dort vorbeigekommen, ohne sie zu sehen.) Abschluß des Tages mit Felghaue im Götzenberg.

17. Juli

Heller, sonniger, angenehmer Sommertag. Termin um 9 Uhr im Gesundbrunnen. Schon vor 8 Uhr ist entschieden: Die Fahrt soll mit dem Fahrrad geschehen. Abfahrt wenige Minuten <u>vor</u> 8 Uhr. <u>Punkt</u> 9 Uhr Ankunft am Gesundbrunnen über Böckingen. Freundliche Frau zeigt mir, wo's langgeht. Blutabnahme durch eine ehemalige Schülerin. Gibt sich als solche zu erkennen auf meine Anmerkung: Die Krankenschwester kenn ich. (Awwer mi kenne Sie doch au! ... I hätt Sie au auf der Straß nemme kennt) ...

Um 12 Uhr (mit allem fertig) kam ich aus dem Haus wieder raus. Dr. K. gibt mir 'n Tipp, wie ich ohne Schwierigkeit wieder zurückfahren könne: vom Klingenberger Steg zum Horkheimer Stauwehr den Neckar entlang nach Lauffen zum Zementwerk. Stattdessen Schild »Westfriedhof« gefolgt. Gutes Sträßchen zum Westfriedhof und weiter bis zum Aussichtspunkt ... wo alles aufhört. Die Straße von Klingenberg her führt weiter! Erneutes Hindernis oberhalb von Nordheim, wo am Anschluß für die Nordheimumgehung Graben aufgerissen sind, die das Weiterfahren hindern. Auf kleinen Straßen schließlich beim abgerissenen Areal und Weg nach Neipperg eingeschlagen bis zu Waldeck im Nordheimer Wochenendgebiet. Auf Weinbergwegen unterhalb der »Hausener« Biege zu TGV-Heim. 14 Uhr ist's sonniger Nachmittag und über zweistündiger Nachholschlaf ausgeruht (15 Uhr 45 bis 18 Uhr). Eintrübung am Abend. Treffpunkt Uhlandstraße 3 zur Lektüre mit »Germinal«.

18. Juli

Wenig Sonne. Es will nicht so recht hell werden. Ab 7 Uhr 10 fast dreiviertelstündiger Regen. Marianne hat 8 l/m² gemessen. Als es um 11 Uhr doch zwischenzeitlich recht hell wird: Fahrt zum Automat für die Bankauszüge. Im Städtle ist Wochenendstimmung. Der frühe Nachmittag bis 17 Uhr sollte bei Marianne vergehen. Schon das Mittagessen: (mit Fadennudeln angereicherte »Frühlingssuppe« – Pfannkuchen mit Apfelpüree) hält mich übergewöhnlich lang am Eßtisch fest: Zwei Pfannkuchen zu verzehren, das dauert bei mir 'ne gute Weile:»Germinal«-Buch von gestern abend im Aktenmäpple verblieben, läßt Romanlektüre bei Marianne sinnvoll erscheinen. Bis 17 Uhr im Zimmer von Marianne, zusätzlich eine Stunde bei Fortsetzung der Lektüre auf Terrasse zugebracht. Tomaten im Götzenberg noch »angebunden«: gelbfleckige Blätter entfernt. Günter B. hat seinen Reisigstoß abgebrannt. (Hat er das ohne »Öl ins Feuer« geschafft?) Wenig heller Tag. 19° zeigt elektronischer Anzeiger bei Volksbank Dürrenzimmern um 18 Uhr 10. Um 20 Uhr sind es noch 18°.

19. Juli
Wetter noch bedeckt, aber kein Regen. Wenig Sonne. Schnell zu Reinhold. Wie vermutet, ist er gar nicht zu Hause anzutreffen: Mit mindestens zwei Männern und einer Frau aus Polen ist er nach Diefenbach ins Ausputzen. Die Schwaigener treff ich noch an. Sie sind aber auch schon im Begriff aufzubrechen. Auch für mich reicht es zu Zwetschgenkuchen und Hefezopf. Und auf'm Nachhauseweg – es ist schon fast 15 – Tante Hanna mal wieder besucht. Erst als diese nochmals Besuch kriegt (Wie heißt die Frau, die mit Sträußle ankommt?), ist es für mich Zeit: fester Entschluß, die Theateraufführung des ZGB zu besuchen. Kurz nach 19 Uhr fahr ich los. Fahrrad bleibt am Eingang zum Gemeinde-

haus, lauf vollends 'nüber ins Bürgerzentrum. Vollmond erhellt den Heimweg. Frau Helga H. mit jüngster Tochter kurz in der Pause getroffen. Sie unterhält sich angeregt mit nettem Mann, der jünger erscheint als sie. Wolf (Regisseur) kommt kurz zu mir.

Sonntag, 20. Juli

Es reicht noch zum Gottesdienst.

Die Tante Hanna ist auch in der Kirche gewesen. Ich begleite sie zur Bürgerturmstraße.

Um 12 Uhr bei Marianne. Wetter hat sich seit gestern stabilisiert: kein Regen. Wenn Sonne rauskommt: sommerlich warm! Nochmals zu Marianne gefahren, um Milch zu holen.

21. Juli

Wieder recht frische Nacht, obwohl nicht so glockenhell wie vom 18.–19. Juli. Wenig Sonne. In Vormittagsstunden zögernde Erwärmung auf schließlich 19°. Langes Verweilen bei Marianne.»Germinal« von Zola. S.' Rechnung ist eingetroffen. Sie lautet auf > 1000 DM.

22. Juli

6 Uhr. Es ist doch viel Schwung in dem Erlebnis eines strahlenden Sommersonnenaufgangs. Daß die Tage abgenommen haben, fällt besonders bei solcher Schönwetterlage auf: um 5 Uhr nur zögerndes Verschwinden der Morgendämmerung. Zwei Frühäpfel bei Helmut ergattert.

Nachtisch und Zahnpflege. Zum Recyclinghof reicht es nicht mehr. Fahrt nach dem Mittagessen beim Felgen im Götzenberg. Dort erst ungefähr um 18 Uhr: ideales Wetter für solche Arbeit. Am Abend noch bei »Germinal« verweilt.

Besuch von Frau H. wegen <u>Ps 23</u>. Schwerpunkt: die Abendveranstaltung nach einem weiteren warmen Sommertag. Georg H. lädt ein zum Umtrunk. Anlaß, die Kollegen wiederzusehen. <u>Zwei</u> herausragende ~~Episoden~~ Begebenheiten – S. erklärt mir, wen ich vor mir habe: Hilmar F. nicht sofort wiedererkannt und Kollegen Sigi L. überhaupt nicht einordnen können. Längere Unterhaltung mit Hilmar (der mal Hausmann war). <u>Gedicht</u>-Polonaise getanzt. Gesungen mit begleitendem Akkordeon.

24. Juli

Gestern erst kurz vor 23 Uhr wieder zu Hause. Heute nochmals warm! Sonne kommt nicht mehr so kräftig durch. Tante Hanna abgeholt zum Mittagessen im Lamm in Dürrenzimmern. Um 11 Uhr 40 treten wir in das noch leere Lokal ein und essen à la Carte (Tagesessen zu 10 DM 50 wäre auch was gewesen: Spaghetti!). Um 13 Uhr 30 schon bei Gerhard H. in der Heilbronner Straße. Haus nicht auf Anhieb wiedergefunden. Temperaturen sommerlich warm. Herr H. zeigt mir den Fruchtstand des Aronstabs: Vom Fenster der Terrasse aus sieht man auf den »Obergarten«. Frau H. arbeitet im Untergarten neben den schon zum Abernten bereiten Kartoffeln. Zu Hause angekommen: Vorbereitung getroffen für Treffen mit Frl. R. Sie sagt mir am Abend übers Telefon: Frl. B. werde <u>auch</u> dabei sein beim Treffen um 20 Uhr. Zu Hause erst nach halb 11 Uhr. Plaudernd über Alt-Brackenheim zur Uhlandstr. 13, zur Heilbronner Str. 40. In der Nacht bringt ein noch vor »minuit« einsetzendes Gewitter (ergiebig auch mit Nachregen!) die Fässer fast wieder zum Überlaufen.

25. Juli

Wenig Sonne, häufige Windböen. Um die Mittagszeit noch einmal ein ergiebiges Gewitter. Dunkelheit im Westen hat den erneuten, kräftigen Regen angekündigt. Ist jetzt das Faß voll geworden im Götzenberg? Am frühen Abend beruhigt sich der Wind. 21° hat es immerhin 21 Uhr an der Meßstelle Volksbank Dürrenzimmern.

Weil die Speisen auch heute wieder einseitig waren (gute Suppe, Pfannkuchen und Apfelpüree zu Mittag), war ich froh, am Abend die ersten Ringlo ernten zu können. Erspart die Abendfahrt zum Bananenkauf bei Tengelmann.

Es verging der ganze Nachmittag am Eßzimmertisch von Marianne, denn ich machte mich endlich an die Übersetzung der Marsan-Predigt von Herrn H.

Bis Mitternacht auch in der Weinstraße daran weitergearbeitet, ohne ein gutes Ende abzusehen. Weitergearbeitet bis nach 1 Uhr.

26. Juli

Die Sonne will nicht recht durchbrechen: Um 5 Uhr 36 beim Aufstehen war's noch dunkel-dämmrig. Abnahme des Tages morgens schon gut spürbar. Abends auch!

Am frühen Nachmittag zunächst düsterer und finsterer Himmel ohne zu regnen. Ab 15 Uhr wird es zunehmend sonniger. Herrn H. schon bei Anruf am Vormittag Hoffnung gemacht, daß der Vormittag ausreicht, um mit der Predigtübersetzung das gute Ende zu erreichen. Weiterer Kampf bis zum nächsten Anruf um 15 Uhr. Die Sachlage dargelegt: aussichtsvoll, was das rasche Ende betrifft. Um 16 Uhr Aufbruch zu H.s trotz des Fehlens einer zufriedenstellenden Formulierung der letzten Sätze. Diese dann in H.s Domizil fertiggebracht: Im sonnenüberfluteten Wintergarten ist es unangenehm warm geworden: Mit Sprudel und Saft gut versorgt übersteh ich auch diesen Stress. B. (Neipperg), der die Vervielfältigung (Photokopieren) angeboten hat, wartet auch jetzt, Samstag, noch auf die Überbringung durch Pfarrer H. Übermüdet bin ich ab 19 Uhr wieder zu Hause, bringe aber noch 'n paar Ringlo zu Marianne, wo Rolf mit Familie eben im Begriff ist zur Nachhausefahrt aufzubrechen.

Sonntag, 27. Juli

Noch vor 9 Uhr ruft Irene an: Von Tante Annchen hat sie erfahren, daß der Onkel Rudi in den frühen Morgenstunden gestorben ist. Mein Vorhaben war kurz zuvor, der Tante Claudia zum Geburtstag zu gratulieren, bevor mich H.s um 9 Uhr zur Fahrt nach Neipperg abholen. Das laß ich jetzt bleiben. H.s fahren einigermaßen pünktlich vor.

Letzte Absprache über den Ablauf des Gottesdienstes. Erst jetzt ist mir völlig klar, daß die kurze Begrüßung mündlich erfolgen soll.

Der wunderschöne Tagesanbruch – und die tieftraurige Nachricht aus Pirmasens. Gottesdienstverlauf viel besser als befürchtet. Nach dem Gottesdienst erfahre ich, daß unter der einheimischen Neipperger Gemeinde sich fünf bis sechs Gäste aus Marsan befinden. Bei Erich B. findet der Vormittag mit Wein, Sekt, Mineralwasser und Saft einen heiteren Abschluß. Der Vorschlag, noch im Sommer-Festzelt in Haberschlacht das Mittagessen nachzuholen, findet allgemeine Anerkennung. Erich B. muntert mich auf mitzukommen. Michael W. hat noch Platz im Auto für einen Mitfahrer. Mein Vorhaben, auch den Sonntagnachmittagsspaziergang nachzuholen, Zimmern »heimzulaufen«, wird von B. kategorisch abgelehnt: Bis vor die Haustüre will er mich bringen. Sonntagabend noch zu Marianne (Neues von Pirmasens?) und Tagesabschluß beim Tomatenaufbinden im gut abgetrockneten Götzenberg mit Fahrt zur Heilbronner Str. 15. Vor 11 Uhr »erschlagen« ins Bett gestiegen und recht gut geschlafen: Nur einmal (oder gar nicht) wegen dem Austretenmüssen aufgewacht.

28. Juli

Ein neuer Sonnentag blinkt zum Morgenfenster des Langschläfers (8 Uhr 15 ist es beim Aufstehen) kunstvoll herein! Der Vormittagsablauf ist vorgezeichnet. Zum Tengelmann und zur Apotheke (beim Rathaus). Erste Enttäuschung: Vollkornzwieback verkauft der Tengelmann nicht mehr. So bleibt nur der Einkauf von Frischmilch und (echtem) Joghurt. Marianne ist unterrichtet, daß ich zur altgewohnten Stunde zum Mittagessen komme. Sie erzählt mir: Schon im Gespräch mit Irene hätte sie erfahren, daß ich 100 DM für 'n Kranz gegeben hätte und H. 'n paar Flaschen Wein für seine Mühe mit den Formalitäten der Beerdigung erhalten soll. Daß solches zu schnelle Fragen Grund für meine befremdete Verwunderung ist – konnte ich nicht für mich behalten. Weil ich gestern abend noch zur Hausener Str. 38 gekommen bin und heute wiederzukommen versprochen habe, hätte man mir doch zutrauen können, daß ich inzwischen über »Einzelheiten« unterrichtet bin.

Noch vor Abschluß des Mittagessens mußte ich Marianne noch fragen, ob sie 1500 DM + 500 DM von mir im Juli erhalten hat (Ich wußte Bescheid, sah aber jetzt doch irgendwie die Notwendigkeit, so zu fragen!) Ergebnis: Beide Male hat sich Marianne nichts notiert.

Sie erinnert sich aber, daß ich 15 Hunderterscheine in drei Fächern auf'm Tisch ausgebreitet hatte, am 15. Juli. Wenige Tage später waren es die 500,– DM, ebenfalls in Form von fünf Scheinen zu 50 DM. Neuen Anlaß, nochmals meinem Mißfallen Ausdruck zu geben, war das Laufen der Spülmaschine, obwohl von mir doch seit Mittwoch letzter Woche nur zwei Teller zum Spülen angefallen sind. Als in höchster Erregung gesagt, so muß ich den wenig freundlichen Ton ihrer Reaktion aufnehmen:»Jetzt behauptet ›der‹ au no (so und so) wär's gwä ...«

Rest vom Nachmittag, bis 18 Uhr, vergeht mit Durchforsten der Sonntagsausgabe der FR vom 19. Juli.

Ab 18 Uhr (moins le quart) wunderschöne Fahrt durch das von Abendsonne durchströmte, sommerliche Land. Bei Frau K.s Bäsle kann ich noch mitfahren. Fahrt über Lauffen, Talheim, Untergruppenbach, Happenbach, Unterheinriet, Oberheinriet, Lehrensteinsfeld, Willsbach. Ab 19 Uhr ein etwa einstündiges, mitreißendes Orgelspiel. Programmzettel erhalten wir vom Organisten v. M. am Eingang zur Willsbacher Kirche mit ihrer wundervollen, modern erscheinenden Orgel von offensichtlich hoher Qualität.

»Kann der Kerle gut spielen ...« So gab unser Kantor M. seiner Bewunderung freien Lauf, als die Sache gelaufen ist gegen 20 Uhr 15.

Wir werden noch zu Brezeln und Getränk (Wein, Bier und Säfte) ins Willsbacher Gemeindehaus »gelotst«.

29. Juli

Im Verlauf des Vormittags ist es immer sonniger und wärmer geworden. Die Ringlo bekommen von immer mehr Wespen und Bienen Besuch abgestattet, weil sie fast zusehend reifer (erkenntlich an Gelbfärbung und Weichheit gegen Fingerdruck) werden. Noch am Vormittag sind die sechs Tomatenpflanzen fürs Gießen mit gesammeltem Regenwasser ausgewählt. Dem sollte am frühen Abend eine zusätzliche Begießung nachfolgen.

Auf Kreissparkasse Zweigstelle Dürrenzimmern gegen 16 Uhr 2000 DM von Kontonr. 5794768 zum Mitnehmen nach Pirmasens für Tante Claudia abgehoben. Diese erhielt sie dann doch nicht. (Als ich am nächsten Tag von ihrer schon fortgeschrittenen Demenz Näheres erfahren habe, hielt ich es für aussichtslos, ihr weitere 2000 DM anzuvertrauen.)

30. Juli

Fest haben wir uns gestern auf 8 Uhr 30 für die Abfahrt nach Pirmasens geeinigt. Maurizio war mit seinen Schwiegereltern schon eingetroffen, als ich wenige Minuten nach 8 Uhr 15 in der verabredeten Abfahrtsstelle Hausener Straße

38 angekommen bin mit meinem Mäpple. Wir sollten einen sommerdurchfluteten, wundervollen, warmen Sommermorgen für die Fahrt zu Onkel Rudis Grab in Pirmasens zur »Verfügung erhalten bekommen«.

Etwa gegen 10 Uhr trafen wir ein im Haus Oberer Sommerwald Nr. 22 beim Pirmasenser Wasserturm. Heiners Frau Renate öffnet uns und führt uns zu Tisch und Stühlen im großen Wohnzimmer. Als noch weitere Trauergäste (schließlich auch Matthias mit Freundin aus Heilbronn/Talheim) eintreffen, ziehen wir hinaus zur geräumigen Terrasse, wo Wein, Sprudel, (Vitamin-)Orangensaft und Grapefruitsaft feilgeboten stehen.

Heute ist die Bestattung unseres Rudolf K.s, † in der Nacht von Freitag, 25. Juli, zum Samstag, 26. Juli.

Vom Kapellchen des Waldfriedhofs zum <u>Grab</u>. (Sarg wird mit elektrisch angetriebenem Wagen – gesteuert von einem Mann – zum Grab befördert.) Wegstrecke gut zehn Minuten. Ich laufe neben Gisela (vom Onkel Fritz), zeitweise neben Marga (Mann von Marga wiedergesehen! Renate, Ute. Mann von Ute nicht wiedererkannt. Hans N. war überhaupt nicht da).

Am Grab zwei Möglichkeiten: 1) Erde auf Sarg. 2) Blumen auf Sarg. Nach Ende der Trauerfeier Einfinden beim Messeplatz-Restaurant <u>Biccio</u>. Helmut, Maurizio und ich mit Pirmasenser Pastorenehepaar aus dem K.-Klan an einem Tisch.

Heimfahrt wieder über B 10, aber Rhein beim Dom überquert und auf B 39 weitergefahren über Sinsheim bis Steinsfurt. Ein warmer Sommertag.

31. Juli

Es ist »überzogen«. Schönwetter mit sommerlichen Temperaturen über das ganze Wochenende und während des Straßenfestes.

1. August

Freitag nach 15 Uhr auf'm Recyclinghof mit Auto.

Sonntag, 3. August

Erst am Abend des Sonntags auf's Straßenfest. Morgens 10 Uhr hat Frau B., Bönnigheim, angerufen. Um 15 Uhr hol ich die kecke Anruferin in Bönnigheim ab. Mit Mordsportion »Eis« kaum fertig geworden. Weil Frau B. Bluterguß am linken Knie vom Hinfallen behalten hat, Vorschlag: kurzer Spaziergang auf'm Hörnle. Vom Parkplatz Hörnle über Heuchelbergweg zum Aussichtspunkt »Nordener Hörnle«, über Parkplatz Aspen Autosträßchen bis zur Staffel (kürzeste Verbindung zur Terrassenwirtschaft). Eine kleine Portion »Pommes« für 3 DM reicht nicht. Zu ihrem Viertele (weiß) ist noch einmal 'ne Portion vonnöten. Mit Ehepaar von Schwaigern am Terrassentisch: Wolken und Fernsicht zu loben.

Bettina kommt mit Gruppe auf'm Hörnle an. Christa, geb. H., kommt her. Angekündigte Schlechtwetterlage hat trotz Blitz und Donner kaum nennenswerten Niederschlag gebracht.

Im Zelt des TGV-Dürrenzimmern war's wirklich schwül, als gegen 14 Uhr die Maultaschen mit Kartoffelsalat für 11,50 besorgt waren. Am Abend nach Rückkehr von Bönnigheim gegen 20 Uhr noch ins Festgetrubel. Frau von Jean M. begrüßt mich auf'm Plätzle von Marktstraße 10 vor dem Stand der Italiener. Ingrid ist aktiv. Edgar S. und Mathilde entdeckt (am Platz vor Lateinschule). Tochter Ellen (?) hat gerade das Abitur hinter sich gebracht.

4. August
In der Terrasse färben die ersten Portugiesertrauben. Wasservorrat im Götzenberg schnell verbraucht (zu viel Einzelheiten sind aufzufrischen). Unterstützung durch Wassertragen vom Forstbach. Mirabellen vorm Haus werden zusehends weich und gelb. Ringlo gehen rasch zur Neige. Die Zeitung FR vom Montag noch geholt.

5. August
Lektüre von Coll. Littér. über Brugère beiseite gelegt, um vollends die Einleitung zum Micro-Robert zu studieren.
Zu lange die Siesta bei Marianne ausgedehnt. Rad mit »Platten« übers Neubaugelände nach Hause geschoben.

6. August
Wenig kühler: Sommerliche Wärme bleibt trotz zeitweise bedecktem Himmel und teilweisem Überziehen erhalten. Lange Leiter in die Garage zurück.

7. August
Hans N. ist schon zehn Tage in Brackenheims Krankenhaus: Er hat'n Schlägle gekriegt (im Wengert). Seiner Frau beim morgendlichen Gartengießen von den Mirabellen rübergebracht. Wer war das, der die »Anlage« der Hausener Straße mit Stock verlassend mich angeredet hat? Marianne

weiß es: Die Frau D., geb. S. (Neipperg), Mutter vom Güglinger Bürgermeister. Daß ich die Leute nicht mehr wiedererkenne. Alzheimer oder Parkinsonsche ...? (Frau R. wüßte den Unterschied zu benennen.)

8. August

Wieder sommerliche Hitze. Aber ab 16 Uhr 30 braut sich ein Gewitter zusammen und <u>vor</u> 18 Uhr scheint schon wieder die Sonne. »Alles« spielte sich zwischen 17 Uhr 30 und 17 Uhr 45 ab. Es gab 7 l/m² während zehn bis fünfzehn Minuten aus. Die Fässer am Hauseingang werden beide voll. Auch 's Fässle zum Hausgarten auf der Straßenseite hat es gereicht zum Vollwerden. Gut ist kurzer, kräftiger Regen ohne Hagel.

Zur Mittagszeit mit Auto zu Marianne und zum Sprudelholen. Dabei leere Sprudelflasche vom vollen Kasten abgeglitten: Glasscherben. Eine zweite Flasche ist ganz geblieben. Im Götzenberg war ich noch am Abend. Zwei Eimerfüllungen mögen seit Vormittag wieder dazugekommen sein. Gut war, die Regentonnen beim Haus am Vormittag zu leeren. Am späten Abend doch noch mit Eimer voll frisch gesammeltem Regenwasser in den Götzenberg gefahren – »um nachzusehen«.

9. August

Unbestechlicher Sommertag, wolkenlos. Mit großem Eimer (Wasser von Regentonne <u>am</u> Haus) zum Götzenberg gefahren. Beim Absteigen übers Fahrrad gefallen, dabei Eimerrand »angekratzt« (zwei Einrisse). Eimer blieb voll. Mittagessen bei Reiner. <u>Lisa</u> hat zehnten Geburtstag. Bei Barbara und Reiner gab's <u>Frikassee</u> und <u>Spaghetti</u>.

Im Städtle den Klaus W. auf Marktplatz gesehen (er will Line S. besuchen...). Doch noch um 19 Uhr zum Krankenhaus geradelt, Zimmer 11: Hans N. wohlauf. Nette Unterhaltung, bis die Abendschwester kommt (also etwa um 20 Uhr).

Im Götzenberg noch den Winden mit Felghaue nachgegangen. Mirabellen hat sich Nachbar Beppo selbst gezupft. Dem Nachbar S. wollte ich einige zum Essen schenken. Zum Au-Pair-Mädle gewandt, sagt Detlef: »Da sind einige Pflaumen, um Marmelade zu ...«

Sonntag, 10. August

Getäuscht vom Wecker mit Normalzeit erst kurz vor 8 Uhr aufgestanden an dem blendenden Sommermorgen. Es reicht noch zum Gottesdienst (Gerhard H. über Lukas 18 ...). Herzliche, geistliche Musik von Marc-Antoine Charpentier. Im Bd. (583/2) liest man: franz. Komponist (✳ Paris 1634 / † Paris 24.2.1704), Schüler von Giacomo CARISSIMI in Rom, dann Kapellmeister in Paris. Als Opernkomponisten ließ ihn Jean-Baptiste Lully nicht ...

Werke: 18 Oratorien (bes. Le Reniement de St. Pierre), 6 Kantaten, 8 Messen, 30 Psalmen, Tedeums, Magnificats. Opern?

Tante Hanna nach dem Gottesdienst nach Hause begleitet. Hortensien am Erdwall wieder mal gießen.

Freundin Dora ruft an. Sie spielt ab: »Wohl mir, daß ich Jesus habe« von J. S. Bach. Langes Telefonat gegen 20:45 von einer fast dreiviertelstündigen Dauer. Wollte sie einladen zur Fahrt nach Karlsruhe mit Stadtbahn. Abschlagende Reaktion.

11. August

Wunderbarer Sonnenaufgang nach 6 Uhr. Noch ist's Gelegenheit, die Fenster aufzureißen. Vor dem Frühstück noch Fahrt zum Milchkauf bei Tengelmann. Der hat meine Marke gar nicht. Vormittags noch kurz für Brot- und Brezelkauf beim Bäcker Reichert. Er macht ab Mittwoch für einen Monat Urlaub. Ein weiterer mit Wasser gefüllter Eimer ergänzt den kärglichen Wasservorrat im Götzenberg.

12. August

Ein Hoch über der Ostsee versorgt uns mit trockener und sehr warmer Luft. Ein heißer Tag folgt dem andern! Der 12. Aug. war gut zu einer Ausfahrt aufs Hörnle (dort ab 16 Uhr auf!). Tante Hanna hab ich vorher von Öffnungszeit auf'm Hörnle ins Bild gesetzt. Marianne fährt mit Postsenioren fort. Gestern am Spätnachmittag bei schönster Sommerwärme mit Fahrrad zum Hörnle aufgebrochen. Überholt beim Raufschieben von Rolf S. mit Eva. Alex R. kommt etwas später dazu. Heute ist recht viel »los«: Schnell werden alle Sitzplätze am Hörnle besetzt.

Die Hitze spürt man nicht mehr unangenehm; dafür sorgt der Schatten der Eiche, deren Äste sich weit rausstrecken. Wurstsalat, kleine Portion, genügt der Tante Hanna. Nach dem großen »Lemon« trinkt sich das Bier zunehmend schwerer. Ich sorge fürs Verschwinden des restlichen halben Glases. Das »Hoch« hat sich über Frankreich aufgebaut.

13. August

Walter R. hat mein großes Regenfaß im Götzenberg fast

aufgefüllt. Als ich <u>gestern</u> spät noch zum Götzenberg fahre, rauscht es im Faß drin. Mit vollem Strahl läßt der reingehängte Schlauch in das schon dreiviertel gefüllte Faß reinlaufen. Der Nachmittag verging bei Marianne, wo sich die Pirmasenser/Talheimer schon früh zum Kaffee eingefunden <u>hatten</u>: Christl hat ihre Mutter und Tante Claudia mitgebracht. Als ich vom Gießen im Götzenberg zur Hausener Str. 38 zurückkomme, sind auch Irene und Helmut schon am Kaffeetisch.

14. August

Ein Tag wie der Vorgänger. Viel Sonne und sommerlich warm. Bei Marianne abgemeldet, gegen 12 Uhr 15 zum ersten Mal seit langem zum Mittagessen ins Restaurant. Dieses Mal ist die Traube in Dürrenzimmern das Ziel meiner Neugierde: Schnitzel mit Pommes und Salat für <u>10,50</u> ist wohl preiswert. Mit Sprudel kostet mein Mittagessen 13,30. Zahle 15,– und gehe. Wirt, der kassiert, ist offenbar verblüfft.

15. August

Ab 14 Uhr Abfahrt zum B'süchle in Talheim. Kaffeekränzchen und Bilder von lange zurückliegenden Hochzeiten. Renate F., Marga (geb. G.) E., Ute H., geb. N., Hans N. Hochzeit von Marianne und von Helmut in Enzweihingen. Es ist schon fast 19 Uhr, als die Heimfahrt über Lauffen beginnt. (Über Klingenberg, Sontheim, Rauher Stich ist die Herfahrt ganz gut verlaufen.) Nachbar R., der am Morgen einen Lemberger-Trollinger erhalten hat, sollte das große Faß ab 16 Uhr nochmals füllen.

16. August

Eklat am Mittagstisch bei Marianne (schon wieder die Zucchinisuppe). Heftige Klage über Mittagessen. Beim Weggehen <u>1000</u> DM an Marianne.
Ganztägige SWR2-Kultur-Sendung über Schubert (Franz).

Sonntag, 17. August

Blaublühende Trichterwinde am Bohnenpfahl. Taufgottesdienst (zwei Taufen) von Dekan D. abgehalten (mit kurzer Predigt bis nach 10 Uhr 30). Zum Mittagessen nicht zu Marianne und auch nicht in das Restaurant gegangen. Mit dem, was greifbar war, durchgeschlagen (Himbeergsälz, 0-8-15-Brot vom Tengelmann). Telefonate mit Frau B. in Waldenburg und mit Krankenhaus Le Mans. Um 19 Uhr bei Reiner und Barbara, die beim Abendbrot verweilen, eingeladen mitzuessen. Weil sie Gäste haben und sie erst heute (gestern) von Fahrradtour (Alb-Donautal) zurückgekehrt sind, ist zu wenig Brot für mich als weiterer Gast da. (Gäste: Jürgen, Ärzteehepaar mit sechswöchigem Baby.)
Tagesabschluß mit Isolde und Andrea auf'm Kinderspielplatz »Im Hoffeld«. Die Kleine will mir ihre Turnkünste zeigen. Für jeden gibt's ein Eis in der Tüte; das schmeckt deutlich nach dem Anisbrötle im Weihnachtsgebäck.

19. August

Über einen blendenden Sonnenaufgang ist Gewähr für einen weiteren Hochsommertag fast gesichert. Um 14 Uhr 30 braut sich aber 'n Gewitter zusammen. Es blitzt, donnert, Wirbelwind (Windböen) kommt auf. Vor einsetzendem Regen (als die dunkle Gewitterwolke im Norden sich <u>deutlich</u> aufgehellt hat) noch gut in der Weinstraße eingetroffen. Gewitterregen reicht nicht, das leere, große Faß neben der Garageneinfahrt wieder ganz aufzufüllen. Immerhin! Zum kräftigen Gießen des Winterbäumchens reicht das heute aufgefangene Wasser aus. Für die drei <u>Hortensien</u> am Erdschutzwall bleibt auch noch <u>Wasser</u>. Es ist dreiviertel 9. Helligkeit groß genug; daß Straßenbeleuchtung noch nicht eingeschaltet ist! Das sollte aber bald (vor! 9 Uhr!) passieren (Normalzeit: dreiviertel 8 Uhr).

Ein schöner Sommertag – recht heiß – nach kräftiger Abkühlung des Nachts. So dunstig, daß Wunnenstein nicht auszumachen ist. Mit Walter R. noch in eine abendliche Plauderei verwickelt. Von mir eine junge Eßkastanie zu bekommen, ist er nicht abgeneigt. Es muß noch am Abend vorgemerkt werden. Hauklotz heut abend zum Kürzen der Äste nützlich. Mit Baumsägle geht dies doch ganz ordentlich, wenn auch sehr langsam. Ameisen greifen an.

20. August

Fortsetzung des blendenden Sommerwetters. Gestern gekaufte Frischmilch gleich nach dem Frühstück um halb 8 Uhr zu Marianne gebracht. Die Butter dazu!

Am Abend ist auffällig: An dem hellen, von der Sonne bestimmten Tag soll es erst nach 20 Uhr 30 verstärkt dämmrig werden. So recht <u>Nacht</u> ist es dann ab 21 Uhr auch noch <u>nicht</u> ganz. Heut früh war es erst ab 6 Uhr deutlich hell im Fenster. Es soll bis fast 7 Uhr dauern, bis man am Schreibtisch ohne Licht auskommt.

21. August

Donnerstag: heiß. Am Schluß noch Vorbereitung für den Abend der Sitzung in Heilbronner Straße 40. Vorher blieb noch Zeit, im Götzenberg zu gießen.

22. August

9 Uhr Abfahrt zur großen Fahrt in das Hohenloher Land mit Ziel, Familie B. Besuch in Waldenburg abzustatten. Wir sind für 15 Uhr angemeldet. Wundervolle Autoreise an einem blendenden Hochsommertag.

Bis zum Weinsberger Sattel fahr ich. Auf dem Sattel Wechsel der Chauffeure. Über Löwenstein nach Meinhardt (besonders schöner Abschnitt der B 39 bis Einmündung in die B 14). Idyllische Straße über Hütten nach Oberrot und über Hausen a. d. Rot nach Fichtenberg, von dort nach Gaildorf. Halt mit Besichtigung. Ab Gaildorf Kocher aufwärts auf kurvenreicher B 19 über Sulzbach a. Kocher und Laufen, Untergröningen (oben sieht man auf Bergspann Hohenstadt 497 m, Kochertal 355 m). Von B 19 weg in ein liebliches Tal. Die Bühler bei Pommertsweiler, weiter Schlenker weg vom Bühlertal nach Adelmannsfelden.

Es ist Mittagszeit, als wir in Bühlerzell ein nettes Lokal zum Mittagessen finden. Vorher durch Bühler und über schlechte Straßenstrecke. Nach dem Mittagessen (44,30 DM: drei Essen und Getränke) weiter nach Vellberg; Besichtigung der doppelten Ringbefestigung. Vellberg über Bühlertann und Abstecher von Straße Ellwangen / Schwäbisch Hall erreicht. Vor Ankunft in Waldenburg in Gnadental Besichtigung der Ev. Kirche (Reste von ehemaliger Klosteranlage).

Aufregung: Koffer geht nicht sofort auf. Größere Aufregung: Wo ist der Autoschlüssel? (Er steckte in der Tür zur Fahrerseite.) Zehn Minuten vergingen bei Suche.

Frau B. steht schon unter der Türe, als wir Punkt 15 Uhr eintreffen und auch gleich 'n Parkplatz auf Kirchplatz finden. Bis 18 Uhr bei B.s. Herrliche Aussicht, besonders vom Studierzimmer im oberen Stockwerk aus. Friedrichsberg versperrt die Sicht in das Kochertal. Selbst bei klarer Sicht würde man Hesselberg nicht sehen (in Freistadt).

Auf'm Heimweg fahr ich mal wieder: Wir biegen noch vor Hohebuch nach Osten ab und erreichen Öhringen über Kesselfeld, Eschelbach und Neuenstein. Etwa um 20 Uhr sind wir wieder in Brackenheim. Abend bei Schwarzer-Peter-Spiel mit der kleinen Giovanna. Erst weit nach 22 Uhr fahr ich zur Weinstraße zurück.

23. August
Heißer Samstag. Zum Einkaufen komm ich nicht mehr.

Sonntag, 24. August
Heißer Tag. Zur Kirche reicht's. Pfarrvikar K. spricht über »ewiges Leben« und barmherzigen Samariter (Lukas 10). Mit D.s darf ich zurückfahren zur Weinstraße: Auch das Fahrrad hat noch Platz (Lore hält es fest). Walter D. hat auch gestern geschwefelt.

Schon um viertel 12 hat Marianne das Mittagessen (für mich: breite Nudeln) bereitgestellt. Kartoffelknödel von gestern erst später auf den Tisch. Barbara und Reiner wollten bis 12 Uhr kommen. Es wird 12 Uhr 15. Ab 15 Uhr wart' ich auf Frau B., Bönnigheim. Als es 15 Uhr 20 ist, krieg ich leise Zweifel und steh vom Schreibtisch auf, guck zur Haustür raus. Nichts. Geh zurück. Hausglocke. Frau B. steht da. Mit LB-Auto nach Neipperg auf'n Heuchelberg. Problem, wie man Parkmöglichkeit und Schatten richtig nutzt. Wanderung zu Drei Eichen und Einkehr in Traube (Dürrenzimmern) beschließen den Tag. Halbwegs nach Meimsheim mit Frau B. mitgefahren. Es reicht noch in den Götzenberg, bis es dunkel wird gegen 20 Uhr 30.

Auf den heißen Sonntag sollten noch weitere drei heiße Tage folgen. Allerdings ist ein Wärmegewitter in der Nacht zum Dienstag und am Dienstagvormittag hochwillkommen. Der Nachregen um die Mittagszeit reicht aus, daß es bei Wiederkehr des hochsommerlichen Wetters im Verlauf des Nachmittags doch gute 6 l/m² sind. Der Mittwoch, den 27. August, läßt trotz weiterhin hochsommerlichen Temperaturen einen Wetterumschwung vorausahnen. Aufkommender Wind in der zweiten Nachthälfte mag diese Vermutung bekräftigen.

28. August

Regen! Die Absage bei Marianne nütze ich aus, ab 11 Uhr noch das Vorhaben mit der Felghaue im »Urwald« beim Lärmschutzwall fertigzubringen, bis es gegen 12 Uhr 30 stärker zu regnen beginnt. Ein kräftiger, lang anhaltender Regen bringt fürs erste reichlich Wasser. Trotz eifrigen Wassertragens an den Gewürzluikenbaum und auf die Bärlauchfläche (Giersch) beim Wasserfaß hinter der Garage sind die Regentonnen zum Schluß wieder alle randgefüllt.

Vor 18 Uhr noch zur Kreissparkasse Dürrenzimmern. Um 19 Uhr hat endgültig wesentlich kühlere Luft die schwüle Luft mit hochsommerlichen Temperaturen, die seit Wochen den Sommer bestimmen, abgelöst. Kühl ist es geworden; auf dem Fahrrad ist es ratsam eine Jacke anzuziehen.

29. August

Lebhafter Wind zwischen Südwest und Nordwest. Wolken, die rasch dahinziehen, und viel bessere Fernsicht prägen diesen Frühherbsttag.

Den Nachmittag nütze ich, um Arztrechnungen vorbereitend zum Einreichen an Beihilfe und DKV zu ordnen. Viel Zeit benötigt der verbohrte Versuch, die Schulfunksendung »A la bonheur« vom Mittwoch korrekt vom Tonband aufs Papier zu bringen. Gegen 20 Uhr am Abend reicht's doch noch mit Felghaue in den Götzenberg.

Bis 20 Uhr 30 läßt die schon um halb 8 Uhr spürbare Abenddämmerung das Felgen zu. Mit Macht kehrt die Dunkelheit schon um dreiviertel 9 Uhr ein und zwingt zum Aufhören mit der Gartenarbeit.

Auf das Läuten in der Blumenstraße 20 Uhr 30 reagiert niemand, obwohl Licht in der Wohnstube!

Unbedeckter Himmel.

30. August

Nach sehr frischer Nacht prächtigen Sonnenaufgang gegen 7 Uhr. Nochmals gibt es einen sommerlichen Tag mit viel Sonne. Die Temperaturen sind am Nachmittag nicht mehr so hoch. Das ist angenehm.

Sonntag, 31. August

Gottesdienst am sommerlichen Sonntagmorgen mit Pfarrvikar K. Tagesabschluß mit Radfahrt zum Friedhof. 19 Uhr 30 beginnt das schnell organisierte »Ersatzkonzert«. Dreizehnjährige russische Geigenspielerin hat kurzfristig abgesagt. Lotte und Gustav D., Marianne, Irene und Helmut unter den Zuhörern. Mit Paul G. noch kurzen Schwatz in der Schloßstraße.

1. September

Vergeblicher Versuch, Telefonverbindung mit Heilbronner Krankenhaus zu erhalten (kurz vor Mittag geht das wohl nicht mehr). Bei Marianne gibt es Kartoffelsalat und Maultaschen. Die Trauben unterm Terrassendach sind äußerlich recht reif.

2. September

Bis 9 Uhr wieder Versuch, unterdrückten Schlaf nachzuholen; schon um drei viertel 6 Uhr, wie gewohnt, aufgestanden zum »Wort zum Tag«.

Ab 10 Uhr Fahrt zu den Weiden am Forstbach. Heute bin ich fündig geworden: zwei Eimer voll Baumerde. Es reicht aus, um halb entleerten Kasten an Haustüre wieder voll zu machen: Feine Erde vom Götzenberg druntergemischt. Mit Krankenhaus Heilbronn Verbindung bekommen.

Mein Wunsch, Rechnung Dr. P. (und Kopie) zu erhalten, wird erfüllt.

Es sieht aus, als ob jede Minute Regen kommen würde. Pfirsiche vom Lärmschutzwall sind reif.

Ab 11 Uhr macht trübem Regenwetter gleichende Witterung

mehr und mehr der Sonne Platz. Um 20 Uhr ist es doch schon stark dämmrig. Um 20 Uhr 30 eigentlich schon richtig Nacht geworden.

4. September

Erste Trauben geerntet. Wespen hatten schon Anflug gefunden. Noch mal 'n Spätsommertag. In der Nacht nach 1 Uhr Rückkehr von Bettina.

5. September

Es ist kühler, besonders in der Nacht kühlt es kräftiger ab.

6. September

Samstagnach<u>mittag</u> im Götzenberg. Die Glocken läuten um 14 (?) Uhr zusammen: Walter R. hat Goldene Hochzeit.

Sonntag, 7. September

In der Frühe und in der klaren Nacht hat es nur noch 7°C (Gustav D. weiß das). Ein Tag voller Sonnenschein. Wir singen zur Goldenen Hochzeit von L.s. Treffen ab 10 Uhr 15 in der Johanniskirche. Nachmittagsfahrt ab 15 Uhr 30 mit Albrecht zur Ludwigshöhe und den Drei Eichen. Um 18 Uhr zurück. Albrecht will zum Friedensgebet. Ins Gasthaus zum Lamm zum Vesper: »Ochsenmaulsalat« (12,30 DM), große Apfelschorle (4,50 DM). Mit Trinkgeld 19,– DM bezahlt.

8. September

Um die Fertigstellung des schon am 3. September angefangenen Briefs nach Charnay wird weiter <u>verbissen</u> gerungen.

Es reicht zur Chorprobe, heute in der Stadtkirche. Bis gegen 2 Uhr am Morgen am Schreibtisch sitzen geblieben, um Brief zu Ende zu bringen. Nicht geschafft.

9. September

Wieder ist es um 1 Uhr des Mittwochs geworden, um den Füller aus der Hand zu legen und zu versuchen, wenigstens ab halb 2 Uhr noch 'n paar Stündchen zu schlafen.

10. September

Termin zum Haareschneiden um 15 Uhr 30. Komme gleich dran. Ein Tag ist schöner und trockener als sein Vorgänger. Bald ist das Faß, das mir Walter R. letzte Woche gefüllt hat, wieder fast leer geworden und vom Bach her 's Gießwasser zu ergänzen, ist wieder nötig geworden. Die Tomaten reifen jetzt schnell und wundervoll, durch und durch rot. Die Zwetschgen vom Baum am Hauseingang fallen jetzt runter, ohne daß »der Wurm drin« ist. Am Samstag (6. September) hab ich die meisten »gezopft« (doch etwa 20 bis 30 Stück).

11. September

Blendender Spätsommertag. In der Morgenfrühe (nach 8 Uhr 15) zum Abholen der Bankauszüge ins Städtle gefahren. Bei der Post auch neue Telefonbücher abgeholt. 10 Pf.-Briefmarken nicht kaufen können, weil Geldbeutel zu Hause gelassen. Kurze Zeit danach schon auf Heimfahrt vom Gießen im Götzenberg. Idee, bei Tengelmann einzukaufen. Haferflocken, Weizenstollen und Zwieback im Korb und fast am Zug ... Wiedererinnerung an vergessenen Geldbeutel. Jetzt wird es doch kritisch. Bettina reklamiert, weil ich um 5 Uhr kurz den Radiowecker auf normale Lautstärke eingeschaltet habe, nicht wissend, daß die seit vorgestern wieder fehlende Bettina noch nach Mitternacht zurückgekommen ist.

12. September

15 Uhr Abfahrt nach Bernau, Hochschwarzwald. Nochmals ein fast hochsommerlicher Tag und wohl >25° am frühen Nachmittag. Im Götzenberg erste Kartoffeln »rausgemacht«. Kartoffelgericht mit Käse. Pünktlich um 12 Uhr frisch geerntete Kartoffeln aufgestellt. Brauchen doch bis 12 Uhr 30, bis sie gar sind. Laible Backsteinkäs vom Tengelmann. Wolf S. auf'm Postamt getroffen. Dreiviertel 3 Uhr fährt Herr A. vor (Knut). Im BMW hat's hinten viel Platz für eine Person. Gutes Reisewetter. Anschluß »Mundelsheim«. Keine größeren Behinderungen auf Autobahn bis Leonberger Abzweigung. Gute Fahrt bis Abzweigung Böblingen-Herrenberg in Richtung Singen. Verlassen Autobahn Singen etwas zu weit südlich von Donaueschingen bei Hüfingen. Und kommen deshalb durchs Achdorf, Ewattingen nach Bonndorf. Weiter nach Schluchsee am Schluchsee, weiter über Seebrugg in nordsüdliche Richtung nach Häusern im Zollgrenzbezirk St. Blasien. In Bernau schon um 17 Uhr eingetroffen.

Abstieg in Hotel: Felix mit »Avantgarde« schon eingetroffen. Felix, der von den Freunden aus Charnay, der immer ein Fahrrad mitbringt. Wir kommen bei Sonnenschein und sommerlichen Temperaturen an. Mit Kniehosen bin ich eingestiegen. Unterwegs wurde es doch ein wenig kühl. Wir sind schon fast 'ne Stunde hier, als die Autos mit der Nr. 71

in kurzem Zeitabstand ankommen. Der junge G. (er ist mit Gabi angekommen) erzählt, daß seine Eltern mit beträchtlicher Verspätung eintreffen kurz vor 22 Uhr (das Abendessen ist längst fertig, als sie ankommen!).
Hotel Adler Bernau Riggenbach.

13. September

Es regnet noch, als gegen drei viertel 8 das Frühstück beginnen soll. Es hat aufgehört zu regnen, als wir um drei viertel 9 Uhr abmarschieren und es hält von oben herab einigermaßen. Nur selten braucht man den Regenschirm aufzumachen. Gegen Mittag auf dem Gipfel des Herzogenhorn ist die Sicht wolkenverhangen. Den Hebelhof kann man gut erkennen, schlechter den Feldberggipfel. Blick in die größeren Entfernungen »verbaut«. Abstieg vom Herzogenhorn zunächst ohne weiteren Schutz. Kurz vor Ankunft im Krunkelbachhaus sind die Kleider doch naß geworden. Ein Heißluftgebläse in der Gaststätte läßt die Kleider schnell abtrocknen. Dort Möglichkeit zum Vespern, z.B. Schlachtplatte. Nachmittag zunehmend sonnig und merklich wärmer als am Vormittag. Kein Regen mehr, den ganzen Tag bleibt es sonnig.

Sonntag, 14. September

»Weiß« ist's auf den Wiesen. Der klare Himmel, die geringen Ausgangstemperaturen haben den Reif am Morgen geradezu herbeigerufen. Wundervoller Morgenspaziergang, zum Handwerker- und (Heimat-)Museum in Bernau-Oberlehen. Zischen 12 Uhr und 1 Uhr wieder im Hotel zurück. Zum

Besuch ins Hans-Thoma-Museum reicht die Zeit nicht mehr. Wie schon gestern angeregte Unterhaltung mit Herrn André G. Am Mittagstisch sitzt seine Frau Gabi mir gegenüber, außerdem Herr K. Nach den Fotos vor der Wirtschaft ab 15 Uhr Abreise. Wir fahren wohl 15 Uhr 30 ab. Heimreise, dieses Mal über Titisee-Neustadt, verlief ohne Behinderung. Um 17 Uhr 30 schon wieder in Dürrenzimmern. Wir erfahren, daß es einen kräftigen Gewitterregen mit sanftem, aber stundenlangem Nachregen gegeben hat. Im Götzenberg ist der Boden noch feucht.

15. September

Tante <u>Hanna</u> hat schon Marliese und Ruthle H. als Geburtstagsbesucherinnen, als ich gegen 11 Uhr eintreffe.
Die ganze Woche über bleibt es sonnig und trocken. Die Temperaturen erreichen nur noch kurzfristig (über Mittag) die Spitzenmarke über 20°C.

Sonntag, 21. September

Rehwieslesfest. Bin nicht zum Gottesdienst gegangen. Frau B. hat sich schon am Vormittag am Telefon gemeldet. Verabredung für Viertel nach 2 Uhr. Niemand! Um 15 Uhr ist die Frau B. schließlich da. Vorhaben, zum Kirschenhof zu laufen, laß ich bei Fahrt nach Brackenheim wieder fallen. Auf der Ludwigshöh geparkt (Plochingerweg). Schöner Heuchelberg-Spaziergang bis zur Straße nach Niederhofen und zurück zum <u>Auto</u>. Nicht eingekehrt. Um 18 Uhr von meinem Wengert herkommend wieder in Dürrenzimmern eingetroffen.

23. September

Prächtiger Sonnenschein, belebter Nordost-Wind am Mittag. Tag der offenen Tür des Recyclinghofs.

25. September

Die Tante Claudia kommt kurz nach 13 Uhr bei Marianne an.

26. September

Unveränderlich (stabile!) Hochdruckwetterlage. 12 Uhr 30 mit Lehrerkollegium (Reisebüro Müller, Massenbachhausen) in die Pfalz. Steinfurt, Hockenheimring, Speyer, Neustadt an der Weinstraße. Im Bus nett unterhalten mit vor mir sitzendem Herrn S. aus Eppingen. In Neustadt (RNCF) ausgestiegen. Belebte Fußgängerzone. Mittagessen in Freiluftgaststätte. Ich trink nur eine Apfelschorle. Neben mir sitzt der Hans S., schräg gegenüber der Günter M. Aufenthalt in Neustadt eineinhalb Stunden. Weiterfahrt (nachdem O.s mit Taxi angekommen sind: Sie waren in Haardt a. d. W. Dort lebt noch die Mutter? von Rainer O.). Zweistündige Führung durch die Kästenburg und Wald-Weinbergspaziergang nach St. Martin. Im »Alten Rathaus« erwartet man uns: Abendessen. Abfahrt von St. Martin nach 20 Uhr. Kurz vor 22 Uhr wieder an der Schule.

27. September

Gründliche Suche nach Sparbüchle begonnen. Ich werde fündig. Wo lagen sie: auf dem Kasten mit den Apfelsaftflaschen. Natürlich verdeckt von anderem Papier. War schon halb verzweifelt, als ich auch die DM-Kuverte (2000 in einem), die ich kurz zuvor in der Hand noch hatte, nicht mehr wiederfand. Auch eine Zeitlang nicht mehr wußte, wo diese hingesteckt worden sind.

Sonntag, 28. September

Bei Marianne zu Mittagessen abgemeldet, koch ich mir selbst etwas und der prächtige »Sommernachmittag« sollte am Schreibtisch vorübergehen: Hab mir vorgenommen, mit »Germinal« nochmals neu anzufangen. Am Vormittag geht ein gut Stück Zeit drauf beim Suchen nach freien Stellen auf schon gebrauchten Tonbändern für den Mitschnitt der Sendung »Glaubensfragen«. Heute über das Beben. Was war in der Sendung »Aula« zu hören? (Weiß es heute, am Di., 30.9, schon nicht mehr ...)

Portugieserlese schon am Freitag, 26. September. Nehme teil am Lehrerausflug in die Pfalz und kann deshalb das prächtige Frühherbstwetter nicht bei der Traubenernte genießen.

1. Oktober

Erneute Portugieserernte. Nur ein Zuber voll geholt (69° Oechsle). Entgegen der Wettervorhersage ist es wieder trocken und ziemlich warm, gegen Nachmittag sogar größere sonnige Abschnitte. Noch am Abend richte ich das, was ich finde, um es zum Steuerberater zu bringen. Hab mich dort schon für Do., 2. Oktober, um 8 Uhr, angemeldet.

2. Oktober

Am Vormittag in Filiale Kreissparkasse und Volksbank Dürrenzimmern zu tun wegen Freistellungsantrag Schwäbisch

Hall. Zuerst zur VB, dann zu KSK, wieder zur VB, noch einmal zur KSK. Dabei ist es 12 Uhr geworden und ich fahre mit dem Rad zum alltäglichen Mittagessen bei Marianne, wo es breite Nudeln mit Braten und Soße gibt. Nachbar Walter R. hat die große Regentonne wieder ganz gefüllt. (Auf'm Heimweg vom Mittagessen bei Helmut und Irene bin ich im Götzenberg angekommen, wo mich Walter auf den Tatbestand hinweist.)

3. Oktober

Feiertag. Schönstes Spätsommerwetter. Zweimal versucht, den Albrecht am Abend am Telefon zu erreichen. Vergeblich! Beim ersten Versuch meldet sich schließlich eine Beantworterin (automatisch).

4. Oktober

Wetter bleibt sonnig. Am Morgen nahe beim Morgenfrost. Tagestemperaturen kommen maximal auf 20°C. Nachmittag: Seit langer Zeit erstmals wieder bei Andrea und Isolde. Auf Heimweg kleines Autole vor offener Haustüre. Anita besucht ihre Oma, will sie mitnehmen in den Wengert (Dornfelderlese). Sie wartet aber auf Baral wegen Ofeneinstellung; es ist fast 14 Uhr. Er sollte jede Minute kommen. Erklär mich bereit, auf Ofenmonteur (einer von den Söhnen von Renate K.!) zu warten. Muß bis 10 nach halb 3 warten, bis es an der offenen Haustüre klingelt: Endlich ist es soweit. Vorher (13 Uhr 15) bei P. in der Stadtkirche. Erkläre, Blumenstrauß im Götzenberg noch zu holen: Cosmea, die gelben Sonnenblumen (in miniatura), die aufgeblühten Astern und eine aufgeblühte Stockrose.

Sonntag, 5. Oktober

Sonntagsgottesdienst. Erntedankfest mit Kindergarten Hoffeld. Kirche bis auf wenige Plätze <u>voll</u> besetzt, als ich kurz nach Beginn des Zusammenläutens dort ankomme. Um 14 Uhr Termin im Museum – Tag der offenen Tür. Treffe auch den (sehr selbstbewußten) Chef, den Heiner (?) »Malerschmid« (Jahrgang 1939). <u>Diskussion</u> über gesundheitsgefährdende Stoffe.

17 Uhr: Botenheim verlassen und noch zum Eßtraubenschneiden in den Haberschlacht mit Fahrrad gefahren.

Am Abend noch Sachen hergerichtet für morgige Fahrt zum Steuerberater. Um B.-Vorschußüberweisungen nicht mehr zu suchen, noch am Abend zu Familie B. gefahren. Die schauen gerade Fußball im Fernsehen. Fast 22 Uhr wird es dabei.

Tante Claudia soll abermals <u>2000</u> DM bekommen (1000 DM noch zur Marianne).

6. Oktober

Versuch, noch zum Götzenberg (mit Faeces) zu gehen, dann zu T.s gefahren. Frau S. ist schon da. Wieder zur Weinstraße zurück!

Hauptlesetag: Schwarzer Riesling. Es wird kurz nach 9 Uhr (oder gar wenig vor 10 Uhr?), als ich ankomme. Andrea und Helga aus Bönnigheim sind schon da. Einer von den vier Zubern ist schon über halb voll. <u>Weinlese</u> bei Bilderbuchwetter. Mit kurzer Mittagspause haben wir bis 16 Uhr zu tun, bis alle vier »zum Fast-Überlaufen« satt gefüllt sind. Meta kommt gegen 10 Uhr. Schon eine Weile helf ich mit, bis

Meta ankommt. Drüben im Zweifelberg bei Helmut: Trollinger über Lembergern auf rechter Wengertseite gelbfarbene Blätter, ebenso Farbigkeit bei Lembergern auf rechter Seite; im Plochinger ist 'n großer Bergwengert <u>gelb</u> gesprenkelt (Weingut B. von Neipperg). Meta helf ich noch 'n bißle beim Portugieser-Eßtrauben-Mitnehmen. 14 Uhr: Tante Claudia wieder zurückgefahren nach Pirmasens.

Faß bei Heimfahrt von Wengert bei Regendächle vollständig geleert und zweimal sogar mit Gießkanne zum Bach gegangen.

Zur Chorprobe pünktlich um 20 Uhr (im kleinen Saal! warum?). Es ist fast 22 Uhr geworden, bis die Stühle zurückgetragen sind. Zu Hause noch Tonband »Christmette« angehört (damit Raum werde für »Denkpause«, morgen früh 5 Uhr 55). So wird es nach 23 Uhr, bis die Lichter alle aus sind. Nach »gutem« Schlaf nur einmal zum Austreten aufgestanden.

7. Oktober

Es ist schon zwei Minuten vor 6 Uhr. »Denkpause« also größtenteils <u>entgangen</u>. Sehr milde Luft, die eingeströmt ist, sorgt dafür, daß trotz teilweise bedecktem Himmel die Temperaturen unverhofft hoch bleiben. Als ich von Marianne heimgehe, will ich einer alten Frau helfen, die schwere Taschen trägt. Sie lehnt ab: Sie sei bald daheim (wahrscheinlich weil ich sage: Ich hätt gesehen, daß sie immer wieder abstellt). Also heut bin ich nochmals zum Mittagessen bei Marianne.

8. Oktober

Bin nicht zum Mittagessen zu Marianne gegangen. Die Marianne hat auch angerufen um die Mittagszeit: Morgen (Donnerstag) sei die Fortsetzung der Schwarzrieslinglese, weil sie da auch 'n paar Stunden mithelfen wolle, würde sie nichts kochen. Tadle ihre »Anruferei«, indem ich sag: Wär schon selbst zur Einsicht gekommen, daß ich an einem Lesetag nicht zu ihr zum Mittagessen komme.

9. Oktober

Sehr windig. Bedeckt mit Aufheiterungen. Mild. Mit Regenwetter hat jeder gerechnet. Abgesehen von wenigen Tropfen am späten Vormittag ist es trocken geblieben. Kampf, (trotz Gegenwind) das Fahrrad statt Auto zur Fahrt nach Haberschlacht zu verwenden, zugunsten des Fahrrads entschieden: Gibt mir auch die Möglichkeit, erneute Faeces in den Götzenberg zu bringen und dort das gestern versäumte Gießen der teilweise pikierten Saaten nachzuholen.

Wieder werden bis zum Abend (17 Uhr) vier Zuber voll, obwohl wir zum Lesen heut weniger waren: Helga aus Bönnigheim und Meta aus Gündelbach sind nicht gekommen.

Beobachtungen:

1) Die Kleine am Mittag mit Isolde aufgekreuzt, bringt einen bunten Falter, einen Admiral, mit, den sie wie einen Augapfel »behütet«. Sie will nichts essen, weil man ihr den Schmetterling weggenommen hat. Erst als sie den Schmetterling wiederfindet, verläßt sie ihr Trotz.

2) Auf Italienisch kann man prima schimpfen: Andrea mit seiner Tochter.

3) Ernüchternde Beobachtung: Der Andrea ist einge-
schnappt, als ich ihn auf falsches Vorgehen beim Einlee-
ren der mit Trauben gefüllten Eimer hinweise. Darüber sehr,
sehr ernüchtert und enttäuscht.

Nochmals war es ein sommerlicher Tag. Trotz oft fehlender
Sonne: außerordentlich mild. Wie geht's den Hortensien am
Lärmschutzwall?

10. Oktober

Beim Tagwerden ist es bedeckt. Wind kommt auf und am
frühen Nachmittag fängt es sogar zu regnen an mit Varia-
tionen in der Regendichte. Gut, daß ich mit Auto und lee-
rem Sprudelkasten kurz vor 12 Uhr zu Marianne gefahren
bin. Von 13 Uhr bis 14 Uhr 30 setzt sich's Regenwetter fort,
um alsdann sich in schauerartig unterbrochenen Abschnitten fortzusetzen. Ab 16 Uhr 30 hört's ganz auf. Am Abend
kommt gar noch die Sonne hervor. Weil es aufklart, wird es
erst gegen 19 Uhr merklich dunkel.

Gestern gelesene Schwarzriesling hatten 91° Oechsle, am
Montag waren es 87°. Rekordherbst?

Am Abend nach dem Regen: im Götzenberg große Ernte
wundervoll reifer Tomaten, die sich leicht von Tomatenstök-
ken abnehmen lassen.

Die von Westen heraufziehenden, dunklen Wolken bringen
am Spätnachmittag doch noch einen kaum halbstündig dau-
ernden Regen mit streckenweise ergiebigen, kurzen Phasen.

Wie ich am Sonntag erfahren, waren Helmut und Irene
(schon am Vormittag?) in den Zweifelberg gefahren: Lem-
bergervorlese. Sind sie noch vom Regen erwischt worden?

11. Oktober

Verabredung per Telefon: Helmut will um 10 Uhr spätestens zur Nachlese vom Rest der Schwarzrieslingzeilen losfahren. Sage mein Erscheinen für dreiviertel 10 Uhr zu. Es ist die ganze Zeit bedeckt, aber zur Erneuerung des Regens sollte es nicht kommen. »Rösles« sind auch da. (Waren vorgestern abend schon kurz am Werk.) Es mag kaum nach 12 Uhr gewesen sein, als wir »Sichelhenkel« machen konnten: Wir haben doch über 'ne Viertelstunde lang (halbe Stunde?) Portugieser gestupfelt und sind um 13 Uhr schon vor der noch geschlossenen Abnahme gestanden. Ein Auswärtiger (Botenheimer?), weil er das Geschirr braucht, ist kurz vor uns mit vier bis sechs Zuber eingetroffen. Als ich zu ihm sage, man wird wohl mit einstündiger Wartezeit rechnen müssen, meint er: Lieber wart ich hier eine Stunde, als daß sie draußen aufs Geschirr zu warten gezwungen sind. Früher als gestern (gegen 15 Uhr) setzte sachte erneut Regen ein, der länger als gestern andauerte und sich in der Nacht fortsetzen sollte.

Sonntag, 12. Oktober

Am Sonntagmorgen erfährt man in der Kirche, es habe seit gestern 35 l/m² »runtergemacht«. Der Sonntag bleibt regnerisch. Zu Marianne geh ich nicht. Von Tante Hanna, die ich im Regen vom Gottesdienst (zusammen mit Reiner) heimbegleitet habe, geh ich stracks nach Dürrenzimmern: Im Götzenberg ist die Regentonne nur halbvoll geworden. Predigt von Pfarrvikar K. über Matthäus 19,3–12. Den ganzen Tag bleibt's trüb mit zunehmenden Aufheiterungen gegen Abend;

erneute Eintrübung. Nachtfrost ist nicht zu <u>befürchten</u>. Kammerz am Haus vollends geerntet. Vögel! Trauben zu Marianne gebracht. Sie hat die Tante Hanna zum Kaffee geholt.

13. Oktober

Es ist recht kühl geworden: Nur noch 9°C am frühen Nachmittag. Es ist ratsam, zur Chorprobe um 20 Uhr den Regenschirm mitzunehmen. (Obwohl die abendliche stoßweise Aufheiterung nicht ausgeblieben ist.) Auf Chorprobe auch kurz mit Helga zusammengekommen.

14. Oktober

Das kalte und zum Regnen »angelegte« Wetter sollte sich am Dienstag fortsetzen. Schon um 11 Uhr 45 treff ich mit Fahrrädle bei Marianne ein; Trauerfeier für Paul L. vom Schießrain sollte um 13 Uhr 30 beginnen. Wieder hat es während des Beerdigungsgottesdienstes zu regnen angefangen. Weil noch kurz vorher die Sonne geschienen hatte: Regenschirm zu Hause geblieben. Irene und Helmut unter der Trauergemeinde entdeckt.
Der Klaus W. trifft mit mir am Friedhofseingang ein. Es ist erst viertel 2: Das Mittelschiff der Johanniskirche ist voll. Auf Heimfahrt hat sich Sonne abermals durchgesetzt. Es wird immer schöner, aber »saukalt«: wie gestern nur noch 9°C. Obwohl Nachtfrost nicht angesagt ist, halt ich's für ratsam, ein weiteres Mal die (jetzt nicht besonders rot gewordenen) Tomaten zu ernten, in Kauf nehmend, daß Dreck an Schuhen kleben bleibt.

Ein Traum von Besuch bei Christel in Talheim. Probleme der Gemeindeverwaltung. Die beachtenswerte Straße nach Untergruppenbach.

15. Oktober

Regnerisch. Sehr trüb, wenig Sonne, kalt! Nur noch 8°C um 14 Uhr. In den Morgenstunden: Träume. Ilsfeld. Vater von Schülerin H. (eigentlich war ihr Vater damaliger Ilsfelder Bürgermeister) hat mir an einem Sonntagnachmittag die Haare geschnitten (ohne sie vorher gewaschen zu haben). Entsprechend war der Preis. H. hat danach in seinem Garten geerntete »Blumenköhle« am Straßenrand zum Verkauf angeboten und saftige Preise gefordert. (Wieder) war ich im Kaufzwang.

Ringen um Namensfindung von Edith B.

H. meint, Ilsfeld habe nur 600 Einwohner. Die Radfahrt nicht nach Lauffen, sondern nach Flein fortgesetzt: Unterwegs Ansturm auf öffentlichen Fernsprecher auf Ilsfeld. Ziehe vor, nicht zu warten. »Bis ich in Kabine« an der Reihe bin, werde ich auch in Flein eingetroffen sein.

Gegen 3 Uhr 15 Traum von Fridolin B., dem Geist der Geister. Ein in Ilsfeld öffentlich (im Rathaus?) ausgelegtes Prospekt, das über die Gefährlichkeit des Rauchens aufklärt, führt als Gewährsmann »Herrn Fridolin B.« vom Bund für sowieso auf. Fridolin versteht's, sich öffentlich »Kund zu geben« (bekannt zu machen). Mit großer Eifersucht bewundere ich die Erfolge von Fridolin in der Öffentlichkeit. Fridolin organisiert in Hausen das 65iger-Treffen. Frido hat die Fühler »ausgestreckt«. Fridolin hat das, was man Intelligenz bezeichnen kann; Einfühlen in das Denken der Leute und sein eigenes Tun und Lassen davon prägen zu lassen. Richard W. (Ex-Bürgermeister) hat mir gegenüber die Qualität von Fridolin in Zweifel gezogen (oder heruntergespielt). Dabei versteht er es überhaupt, Leute für sich einzuspannen. So hat er mich einmal beim Wengertschneiden brauchen können oder (vorher) hat er's erreicht, daß er seine <u>Chemie</u>versuche in Brackenheimer Chemieräumen weiterführen konnte. Auch daß die Englandfahrt am Zurücktreten eines Teilnehmers keinen Nachteil für ihn hatte ... auch das hat er »gemanaget«.

Gute Vorsätze helfen nicht. Das Handeln muß folgen.

Klassenlehrer G. sagte seinen (erwachsenen) Schülern (angehenden Abiturienten!): Der Weg zur Hölle ist mit guten Vorsätzen gepflastert.

16. Oktober

»Geistliches Wort«. Ich muss nichts werden, ich bin schon etwas: Ich bin Koloss, bin Jesaja: Ich habe dich bei deinem Namen gerufen: ...

»Pfarrerin« von der Kath. Kirche Rottenburg.

18. Oktober

Die ungetrübte Sonne ist doch schon am frühen Nachmittag durchgebrochen. Rolf und Matthias waren gekommen am Samstag bei Sonnenschein. Ein Fahrrad auf'm Gartenwegle bei Marianne gehört dem Reiner.

Von Rolf, der im Himbeerbeet schort, um sich einen Ausgleich zu schaffen gegen ständige sitzende Arbeit im Stuttgarter Büro – verabschied ich mich und nütze die erste Nachmittagsstunde zu Hause, um den Rest der noch auf'm Baum verbliebenen Gewürtzluiken zu ernten. Bananen zu kaufen, war wirklich nicht nötig. Groß ist die Neugierde, ob die Götzenberg-Tomatenstöcke in der letzten Nacht nochmal (abermals) davongekommen sind. Auch müssen Kartoffeln vom Götzenberg rausgehackt werden fürs Sonntagmittagessen bei mir selbst.

Zwischen dreiviertel 7 und 7 Uhr ist's auch an einem wolkenlosen Tag wie heute so <u>dunkel</u>, daß man ganz grüne Tomaten von »angehauchten« nicht mehr unterscheiden könnte. Tat gut daran, die Tomaten noch vor halb 7 Uhr, als es noch hell genug war dazu, wegzumachen. Heimweg geht über Blumenstraße 15 (?), wo ich die Rundschauzeitungen mitnehmen will. Folge Einladung, am Abendessen mitzumachen: Dort treffe ich wieder jungen Kollegen und Frau.

Sonntag, 19. Oktober

Es muß schon 1 Uhr gewesen sein, als jemand von Bettinas Wohnung die Treppe hinunter zur Haustüre gegangen ist.

Trotz völligen Verzichts auf Getränk nach Rückkehr von Blumenstraße (wo Reiner beim Öffnen der Haustür 'n kleinen Igel übers Pflaster huschend gesehen hatte; er wurde im Karton zum Hausnachbar gebracht!) stündliches Aufwachen zum Wasserlassen bis ca. 5 Uhr. Dann erst aufgewacht, als Morgendämmerung schon fortgeschritten war. Hochnebel hält sich viel zäher als erwartet: Erst nach 15 Uhr meldet sich die Sonne zurück, erst ab 15 Uhr 50 ist es ungetrübt sonnig.

Am Sonntag bei Hochnebel zeigt sich die Sonne. Ich mach mir selbst das Mittagessen. Dazu stell ich ab halb 12 Uhr Kartoffeln auf. Am Abend noch Albrecht angerufen. Fehlleistungen infolge Gedächtnisschwäche in zu ~~großer~~ deutlicher ~~und schneller~~ Folge.

20. Oktober

Ab 9 Uhr, als der Morgennebel noch dichter anmutete, mit dem Auto zum Zweifelberg gefahren: Die Blätter sind tropfnaß. Beim Parken auf dem Waldparkplatz: Geräusch von Regen – aber es regnet nicht. Das Wasser tropfte von den Blättern.

Bei der Trollingerernte ist nie die Sonne herausgekommen (wie gehofft). Um 10 Uhr kommen auch Andrea und Isolde angefahren, Isolde bleibt bis etwa halb 12. »Völlig unterkühlt« fährt sie heim. Die Kleine kommt <u>von</u> der Schule. Isolde kommt nicht wieder: Der Nebel beginnt ja erst um 3 Uhr sich in Bodennähe etwas aufzulösen. Gegen Abend (um dreiviertel 5 Uhr sind wir mit den Trollingern fertig) wird auch Haberschlacht, sogar das Stockheimer Schloß im Dunst sichtbar. Erich M. kommt etwa um viertel 6 Uhr zum zweiten Mal mit seinem neuen Schlepper. Andrea »<u>läuft</u>« nach Haus. Bei Gotthilf F. hab ich ihn überholt. Helmut kommt schon um 6 Uhr vom Abliefern zurück: 1160 kg Trollinger mit 68°. Von den vier Zubern blieb einer ganz leer. Am Abend noch einen gelben Eimer mit Schnitttrauben gefüllt. Irene nahm sich gern 'n paar heraus. Marianne bleibt auch noch ein Rest von fast der Hälfte im gelben Eimer.

21. Oktober

Kein Nebel. Bis Mittag aber auch keine Sonne. Wind kalt von Nordost bis Ost. Im Osten reißt Hochnebelschicht schon um die Mittagszeit auf: Blauer Himmel kommt zum Vorschein. Am Abend aus Sorge um die Tomaten nochmals in den Götzenberg. Dabei auch eingekauft bei Tengelmann. Brauche Milch.

22. Oktober

Hochnebel, Nordost-Wind. Erst gegen Abend löst sich Nebel auf. Kurz vor 18 Uhr noch Sonnenuntergang zu beobachten. Zwischen 18 Uhr 30 und 18 Uhr 45 Uhr fällt die Nacht so stark herein, daß Tomaten im Götzenberg nicht mehr auszumachen sind. 18 Uhr 05 auf das Hügele hinter der Dürrenzimmerner Kirche gefahren. Vorher beim Bäcker 'n Brot geholt. 18 Uhr 50 von dem Unternehmen nach Hause gekommen: Weil Himmel ganz frei von jeglicher Decke geworden ist, reichte es noch um 18 Uhr 30 Uhr mit Faeces in den Götzenberg zu fahren. Auf der Straße ist es ratsam, Licht einzuschalten.

23. Oktober

Die Eigentümerversammlung in Hausen! Mit dem Fahrrad treff ich kurz nach 18 Uhr dort ein. Das jugoslawische Ehepaar ist wenige Sekunden vor mir angekommen. Genau zum 18:15-Termin trifft noch Helmut ein. Mehr sollen es nicht werden, obwohl auf Einladung um vollständiges Erscheinen gebeten worden ist. So reicht's auch noch vor 20 Uhr zum Französischtreffen im Haus B. Fräulein R. ist schon da. Helmut fragt mich wegen Lembergerernte morgen.

24. Oktober

9 Uhr 30: Mit Auto erreich ich 'n Zweifelberg. Bald sind auch Helmut und Irene angekommen. Großer Anhänger mit zwei Zubern. Einer wird ziemlich voll, der zweite fast halbvoll. Um 14 Uhr sind wir längst fertig. 83° Oechsle. Am fortgeschrittenen Nachmittag reicht es noch in den Götzenberg. Das Wetter zum Schoren ideal.

25. Oktober

Mit Schoren im Götzenberg angefangen.

Sonntag, 26. Oktober

Taufgottesdienst (vier Taufen). Mit Tante Hanna geh ich heim vom Gottesdienst. Idealer Sonnentag, aber kalter Ostwind wie gestern. Mach mir übliches Gericht: Limburger Käse. Pellkartoffeln. Nachmittag mit Vorbereitung der Sitzung am nächsten Donnerstag verbracht.

27. Oktober

Schoren kann nicht weitergetrieben werden. Irene und Helmut nutzen das wundervolle (aber kalte) Wetter für Fahrt nach Pirmasens. Um 8:30 Uhr fahren wir los. Üblicher Weg: Bretten, Karlsruhe, Kandel, Bergzabern. Um 11 Uhr angekommen, um 12 Uhr bei Tante Annchen zum Mittagessen. Probleme mit dem Parken in der Schwanenstraße. Nach Ausladen ist Helmut wieder weitergefahren. Kaffee und Kuchen gibt's auch noch. Zwischenzeit ausgenutzt für Gang in den Schachen; Hauptbahnhof, Emilienstraße, Schachenstraße, Albrechtstraße. Das erste Wegstück bis zu einem

Supermarkt bis Eingang zur Hauptstraße: Zahnbürste und Zahnpasta. Man hat mir klargemacht: Wir übernachten. Wundervolle Herbstfärbung vieler Bäume bei Fahrt nach Pirmasens.

28. Oktober

Prächtiger Sonnenaufgang, wunderprächtiges Spiel der Sonnenstrahlen. Schade, daß gestern gekaufte Zahnbürste schon nicht mehr auffindbar: Sie lag schon im Mülleimer. Wie ist sie dort hingekommen?

Bei Heiner im Sommerwald zum Mittagessen eingeladen. (Wie ist's doch so kalt auf'm Sommerwald.)

Vom Waldgrab direkt zum Wasserturm gefahren. Vor 12 Uhr noch ca. zehn Minuten für Gang zu H. bei der protestantischen Kirche. Treffe sie nicht an. (Sie sind im »Geschäft«.) Es wird nach 15 Uhr, bis wir die Heimfahrt antreten können. Aufregung: Noch in Lemberg fällt mir ein, daß Prothese bei Zähneputzen im Häusle liegengeblieben.

Die Abenddämmerung kommt auf, als wir von Anschlußstelle Steinsfurt ins Zabergäu rüberfahren. Zeitverlust durch liegengebliebene Prothese veranlaßt Helmut zur B 10 zurückzukehren, über die wir schon vom Wasserturm zum Häusle die Tante Claudia wieder heimgebracht haben.

29. Oktober

Es ist gerade 18 Uhr, Mittwoch. Hörnlesboden bei Waldparkplatz Hörnle geholt, wundervolles Sommerwetter. Sand in Tüten vom Häusle in Lemberg und Weidenbaumerde: Im Götzenberg Gaben für Digitalis-Erdemischung ausgehoben. Dann noch am Schoren weitergemacht. Herr H. bringt mir den MICRO. Wir spazieren nur wenig. Es ist ungewöhnlich kalt. Reiner lädt mich am Abend zur Pizza ein.

30. Oktober

In der <u>Nacht</u> soll die herangenahte Bronchitis erst ab 3 Uhr so <u>recht</u> die Vorherrschaft gewinnen. Um 4 Uhr steh ich auf. Dauerhusten wird der Bettina den Schlaf geraubt haben.
Gunter S. im Städtle, beim Rathaus-Parkplatz, getroffen. Besuch bei Isolde. Kabelfernsehen ermöglicht Fremdsprachensendungen.
Nach Rückkehr gegen 16 Uhr (versäumter Schlaf bei Marianne wenigstens für eine gute Stunde nachgeholt) Frustration: Wollte doch Nathalie Sarraute heut abend mitnehmen (bei letztem Französischtreffen hatten wir doch von Ines S. geredet, die mir das Buch geschenkt hatte). Nicht mehr aufgefunden, auch nach einstündiger Suche im kalten Zimmer. Am Abend kurz vor 18 Uhr noch in KSK-Filiale in Dürrenzimmern. Zuvor elend frustriert, wie ein Großteil des Nachmittags (seit 15 Uhr 30) mit erfolglosem Suchen herumgegangen ist. Ich war vorher überzeugt, das Büchle von Nathalie Sarraute, das mir <u>Ines</u> vor vielen Jahren mal geschenkt hat, sofort zu finden. Mein »Vorhaben«, es am Abend zum Französischtreffen mitzunehmen, um meine eine Woche vorher gemachten Bemerkungen zu »dokumentieren«, mußt ich also aufgeben. Von 18 Uhr ab war ich froh für den Anruf von Frl.R. über Beginn 20 Uhr heut abend, obwohl dieser Donnerstag wieder einmal um halb 8 eingeplant war. Frl.R. ist in der Terminierung offensichtlich »durcheinandergekom-

men«. Als ihr Anruf um 17 Uhr erfolgte, tat ich so »empört«
und war dann trotzdem froh, als sich zeigte, daß auch der
Zeitverlust durch französische Romansuche kaum wieder
auszugleichen war für die Vorbereitung auf den Abend mit
der an Frl. R. zugeteilten Abschnitte. Etwas nach 22 Uhr
bin ich vom Treffen im Haus B. wieder zurück. Bald darauf »ramme ich die Platte« und genieß einen rechten Erho-
lungsschlaf, der weit in den Morgen hineingedauert hat. Das
mehrmalige Gezwungensein zum Austreten war nie verbun-
den mit Schwierigkeiten fürs Wieder-Einschlafen. Kurz nach
12 Uhr wieder einmal 's Licht eingeschaltet.
Die Bronchitisanzeichen von gestern abend größtenteils
entschärft. Das ist 'n Hochgefühl, mal ausgiebig Schlaf
nachgeholt zu haben.

31. Oktober
Es ist 12:05. Bleibt nur noch 's Fahrrädle von Garage raus-
zuholen und schnurstracks zu Marianne zu fahren. Weil Mittagessen bei Marianne nüchtern einzunehmen gezwungen:
Rosenkohl, Fleisch und Salzkartoffeln nicht auch noch neben der Suppe (von gestern schon) gegessen. Barbara ist
mit mir angekommen (also war's bei mir noch nicht zu spät
geworden).
Am Abend noch bei Tengelmann eingekauft und Faeces in
den Götzenberg gebracht (Faeces von gestern!).

1. November
Ausflug nach Mosbach/Gundelsheim mit Firma Ernesti.
Bei schönem Sonnenaufgang verspricht das Wetter mit-

zutun. Um 8:15 Uhr sollte man am Busbahnhof bei der Volksbank zum Einsteigen da sein. Fahrrad auf Mariannes Terrasse abgestellt. Einmalig schön die Silhouette von Bad Wimpfen, von Morgensonne beleuchtet. In schönstem Schmuck der Bundesgartenschau hat uns auch Mosbach willkommen geheißen. Führung durch die in verschiedenen Gebäuden untergebrachten Museen und der gemeinsame Abschluß der Besichtigungen mit dem Marktplatz und dem Rathaus in der Altstadt hat von 9 bis Schlag 12 Uhr gebraucht. Gesamtausflug in Gundelsheim nach Besichtigung des Siebenbürgischen Museums, im Schloß untergebracht, im Café Schell beim Abstieg vom Schloß (was Programm betrifft) abgeschlossen.

Abfahrt von Gundelsheim etwa um 17 Uhr 30. Rückkehr zu gut bürgerlicher Zeit. Einst bekannte Gesichter wieder »aufgefrischt«: F., er und sie, Frau Friedrich L., Frau Brigitte D., geb. H.; manche neu »kennengelernt«: Wengerter von Meimsheim. Seine Frau ist 'ne geborene R.; Ehepaar L., wohnhaft bei Hans F., der heute auch wieder dabei war. Karl S. hat sich in Gundelsheim verabschiedet, Hedwig holt ihn nach Bachenau ab. Malerische Winkel in Mosbachs Altstadt. Herrlicher Blick auf Neckarlandschaft von Terrasse der Gundelsheimer Burg. Diese beherbergt jetzt auch 'n Altersheim für altgewordene Siebenbürger Sachsen.

Von Mosbach-Ausflug zu früher Stunde zurückgekehrt.

Sonntag, 2. November

In der Nacht hat die allergische Bronchitis die Oberhand wieder zurückgewonnen.

3. November

Trotz großer Heiserkeit geh ich zur auf 20 Uhr gesetzten Chorprobe. Muß es aber büßen mit viel Husten und Spukken.

ASS 200 findet Marianne in irgendeiner Schublade. Barbara, die zum Mittagessen bei Marianne aufgekreuzt ist, hält in meinem Zustand nicht mehr viel von den Sodener, die mir Frau B. wärmstens empfohlen hat.

Ein frostfreier Regentag hellt sich gegen Abend auf. Ausgangstemperaturen sind aber so, daß auch die Nacht frostfrei bleibt.

4. November

Marianne die angekündigten DM 1000,– in Kuvert übergeben, ASS 200 feste weitergebraucht. Mildes Herbstwetter sollte sich fortsetzen über den 5. November und 6. November. Französischtreffen beginnt um 19:30 Uhr.

7. November

Daß Marianne wieder das Foto von Rudi auf'm Schränkle stehen hat mit Kerze davor, war's einzig Erwähnenswerte am Freitag, den 7. November. Frau B. zum Französischtreffen um 20:15 Uhr dazugekommen.

8. November

Daß Frau B. am Vormittag angerufen hat, gerade als auf SWR2 eine höchst bemerkenswerte Sendung abläuft, ist ein Zug der Zeit, mit dem man ~~fertigwerden sollte~~ sich abfinden muß.

Sonntag, 9. November

Schirm mitgenommen bei Fahrt zum Gottesdienst, Lk 12, 20–24. Schirm den ganzen Sonntag nicht mehr gebraucht. Es sollte ein wundervoll milder Sonntag werden mit kurzen sonnigen Abschnitten und herrlichen Wolkengebilden. Der Ablauf war vorgezeichnet, weil der Chor ab 15 Uhr 30 beim Altennachmittag mit seinen Gesängen eingreifen muß. Aus dem Predigttext am heutigen Sonntag (Lukas 17, 20–21): Als Jesus von den Pharisäern gefragt wurde, wann das Reich Gottes komme, antwortete er: Das Reich Gottes kommt nicht so, daß man es an äußeren Zeichen erkennen könnte. Man kann auch nicht sagen: Seht, hier ist es! oder: Dort ist es! Denn: Das Reich Gottes ist (schon) mitten unter euch!

10. November

Am Abend sollte es noch nach der Chorprobe zu einem Eklat kommen. Ein anscheinend Betrunkener tritt laut polternd in das Probezimmer ein und schreit den Herrn M. an wegen Rücksichtslosigkeiten beim Abstellen des Autos.
Ein herrlicher von Sonne geprägter und von wundervollen wechselnden Wolkengebilden gestalteter Spätherbsttag geht so zu Ende.
So lange bin ich nie bei Marianne geblieben. Beim Heimfahren um 22 Uhr 20 hat es noch +10°C.

11. November

Wechsel zwischen kurzen Auflockerungen und starken Bewölkungen mit Schauern. Die Rückkehr zum Predigttext vom Sonntag steht am Tagesbeginn, der für mich kurz nach 5 Uhr bei einem weiteren Erwachen zum Austreten beginnt. (Alle Stunde mußte ich mal raus.)

»Musikstunde«: Beethoven variiert; will ein Stück komponieren für Eleonore von Breuning, seine Klavierschülerin und erste große Liebe.

Graf Waldstein zu Beethoven: Nehmen Sie <u>Mozarts</u> Geist aus Haydns Hand. 22 Jahre alt in <u>Wien</u>.

Dem frühlingshaften, sonnendurchdrungenen Vormittag folgte ab Mittag ein Regenschauer auf den anderen, so daß es nötig wurde zur Beerdigung von Bäckermeister F. den Regenschirm mitzunehmen.

Zischen 14:30 und 15 Uhr wieder zurück in Weinstraße: Versuch, Roger am Telefon zu erreichen, mißlingt. Komme nach <u>Mâcon</u>. Hab die Nummer von Jean V. benutzt.

12. November

Gestern nicht mehr auf Martinimarkt gegangen. Nach 18 Uhr noch zu Tengelmann, wo auffallend wenig Käufer zu sehen waren.

Den ganzen Tag hat es geregnet ... so sachte. Am fortgeschrittenen Vormittag beginnt Dauerregen. Am Abend ist das große Wasserfaß wieder voll. Schreibe »Aula« von Ernst Bloch vom Tonband ab ...

13. November

Musik am Morgen. Alte englische Musik aus der Elisabethanischen Zeit. Musik von J. F. Fasch und Boccherini, Luigi. Die Fingalshöhle, Mendelssohn, Konzertouverture. Lautenkonzert in D-Moll, 3 Sätze. Die Laute mußte der Gitarre Platz machen. Heller liebte die Literatur. Das blieb nicht ohne Einfluß auf sein Komponieren.

20. November

Mit Herrn Albrecht S. bis zum Parkplatz in Böckingen. 7 Uhr steigen wir dort aus. Vor 8 Uhr schon im Krankenhausbereich. Muß mich im Wartezimmer bis nach 8 Uhr gedulden. Nach Blutabnahme zum Röntgen geschickt.
Vor 9 Uhr schon mit dem fertig. Über zwei Stunden dauert die Warterei beim Ultraschall. 11 Uhr 30 auch dort fertig geworden. 11:45 bin ich entlassen. Bis 12 Uhr 35 schaff ich es zum Parkplatz in Böckingen und find das Auto von Albrecht noch dort. Keine fünf Minuten dauert es, bis Albrecht auftaucht. Bei freundlichem Herbstwetter kurz nach 13 Uhr wieder zu Hause.

22. November

Wieder neblig trüb. Ab 14 Uhr erste Bekanntschaft mit der Mendelssohn-Doppelchor-Motette. Herr B. ist bereits anwesend (seine Frau singt im Alt mit). Fridolin steht noch vor 12 Uhr an der Haustür mit dem Lammwirt. Bei mir telefoniert er. Gasthaus Eisenbahn in Lauffen, wegen Französisch für Frau von unserem Schulkameraden S.
Es sollte ein ruhiger Novembertag werden.

Sonntag, 23. November

Nochmals zwei kalte (5°C) Novembertage ohne Sonne.

24. November

Abends vor 19 Uhr hab ich der Ursel (S.) angerufen. Sie ist nicht begeistert von meiner Einladung zu einer Fahrt nach Weißenburg mit der Karlsruher Stadtbahn: »Vielleicht fensch ebber anders, wo mit dr fährt.«

25. November

Stammtisch-Frühschoppen; Initiator Werner H. gestorben. Zur Jahrestagung des Heimatvereins: Fahrt nach Botenheim mit Auto vor Fahrrad vorgezogen, allerdings Probleme: Wo ist die Turn- und Festhalle? Vis à vis vom Heimatmuseum am Rand des »Festplatzes« finde ich nur das mit »Feuerwehr Botenheim« bezeichnete Haus.

27. November

Erst um 9 Uhr aus'm Bett gekommen. Bilderbuchwetter zum Gartenschoren war gestern (Mittwoch) auch schon. Heute ist es sogar noch idealer abgetrocknet.

Wann war's mit dem Blumenkohl? (War für mich keine »Offenbarung«; Blumenkohl gab es gestern am Mittwoch, 26. November, schon. Vorgestern hat es Sauerkraut und Kartoffelpüree [und Kesselfleisch] gegeben.) Ein »Mittagessen«, an das ich nach Rückkehr zu Hause die Vitaminergänzung mit Rettich (von Helmut) mit nachgereiften Tomaten, mit Äpfeln von Helmut und Irene, angekoppelt habe.

Das war gut so: Die sich ankündigende, eitrige Bronchitis bricht nicht aus.

Zur Sitzung im Haus Heilbronner Straße 40 eine volle Stunde zu früh aufgebrochen. Als ich am Gartentörle ankomme, brennt überhaupt noch nicht die Gartenwegbeleuchtung: Was tun jetzt: a) zu Marianne fahren, Rest der Zeit nutzen, um doch noch besser vorbereitet zu sein. b) zur Heilbronner Straße 15 fahren. Entscheidung fällt für b). Fast 23 Uhr wird's, bis ich wieder zu Hause bin.

28. November

Frau B. ist <u>heute</u> ziemlich schnell nachgerückt: ein abermals intensiver Abend. Das Wetter »hält dicht«. Aber zuviel Zeit vergeht für SWR2-Programm (S. Gehrt: Hymne). Vorher: Schulfunk »Heine in Berlin«. Am frühen Nachmittag bei Marianne einfach eingeschlafen und erst nach 15 Uhr wieder zu mir gekommen. Sofort in den Götzenberg, um wenigstens – wie schon am Vormittag – noch eine Stunde lang das Schoren fortsetzen zu können. An dem trüben Nachmittag ist es aber nach 17 Uhr nicht mehr möglich, die Gartenarbeit fortzusetzen. Auch fängt's an zu regnen.

29. November

Am Abend sollte es noch »ausgiebig« regnen: Jedenfalls sind beim Aufstehen um 8 Uhr die großen Fässer voll. (Das kleine Faß <u>nicht</u> ganz.)

Mein Vorhaben, bei schönem Wetter mit der »Limousine« mal auf B 293 bis fast Karlsruhe-Grötzingen zuzusteuern, kann heute wieder nicht verwirklicht werden, weil dafür notwendige stabile Wetterlage noch nicht garantiert ist. Auch scheitert mein zweiter Versuch, die Karten wiederzufinden (1:25000). Sofort in der Ecke nachgeguckt: große Enttäuschung. Dort sind die Landkarten auch nicht ... Wo sind sie nur?

Es war mir beim Suchen klar: Die Karten ... sind nah. So vergeht halt die Zeit ... [Hab sie ganz zufällig gefunden am Mi., 3. Dezember, vor der Nase.]

Sonntag, 30. November

Zum Singen schon um 9 Uhr in die Kirche. Am Abendmahl nicht teilgenommen.

Wetter nicht unfreundlich. Sonne! Nach dem Gottesdienst Fahrt zu Reinhold, Äpfel kaufen. Auf das Läuten reagiert die Verena. Nehm gleich 'n Beutel Äpfel (rote) mit, bezahl dafür 8 DM. Wir vereinbaren, daß ich am Abend um 19 Uhr nochmals rüberkomme, um eine Kiste Äpfel abzuholen. Der sonnige Sonntagmorgen sollte einem trüben Novembernachmittag Platz machen. Ich kämpfe gegen die sich meldende Bronchitis und fahre kurz nach 19 Uhr ins Städtle, die Äpfel abzuholen. Reinhold macht mir 'n Sortiment aus roten und gelben: fast eine Kiste voll. Zu zahlen hab ich nichts.

1. Dezember

Am Vormittag, vor 12 Uhr, ins Städtle gefahren um Pelikan-Patronen und Zahnpasta Elmex samt Kernseife zu kaufen: Erkältung hat mich voll erwischt. Am Abend zur Chorprobe: Es ist doch recht frisch auf'm Fahrrad. Siegfried K. glaubt zu wissen, woher meine Erkältung kommt.

2. Dezember

Morgenwetterbericht »bringt« Schneefall. Sachte beginnt es gegen Mittag zu schneien.

3. Dezember
Die Marianne macht halt dauernd »Brötle«.

4. Dezember
Die Faeces in den Götzenberg gebracht, dort eingegraben und die zwei Spaten in das Regenhäusle eingestellt. Schlimmer Husten zu Beginn der Séance-Française. Honigzuckerle von Frl. R. hilft weiter. Bei Faeces-Fahrt anfangs dem Werner M. in die Hände gelaufen. Und der Friedrich L. ist auch Fußgänger. Er erzählt, daß er bei Lehrer B., Dürrenzimmern, gewesen sei.

5. Dezember
Autofahrt 1.) zum Essen bei Marianne, 2.) weitergefahren, um die Batterie aufzuladen. Heuchelberger Straße, Stetten. Kleingartach, Stockheim, Haberschlacht, Neipperger Steige, Straße Neipperg-Dürrenzimmern bis Regenauffangbekken unter dem Hörnle. 1000,– an Marianne.

6. Dezember
Um 10 Uhr 30 mit den drei gestern fertig gewordenen Briefen zur Post. Weitergefahren zum LIDL. Dort kauft man billig ein. Beim Wegfahren vom LIDL zeigt Hinterrad 'ne Platte. Jetzt muß ich 'n ganzen Weg schieben. Auf Heimweg noch am Götzenberg vorbei. Vorgestern Felghaue nicht gefunden, heut find ich sie abermals nicht. Ist sie weg?
Ist der plötzliche Platten am Fahrrad mit Detlef in Verbindung zu bringen?

13 Uhr 30: Auf nach Heilbronn! Parken in Böckingen (heute Kappelstr.). 0 km bei Abfahrt. 10,8 km in Böckingen. Um 14 Uhr in Altböckingen, 14,2 km.

Belebter Fußgängerbereich. Nach Fischmahlzeit noch zum Anschlag der halben Stunde, denn 1. FC Kaiserslautern gewinnt gegen FC Bayern München.

Im Fisch-Restaurant für Seelachs mit Kartoffelsalat 9,85 bezahlt. Wo bleibt das Stück Zitrone? Warum erhalte ich 15 Pf. statt 25 raus? Das ganze Essen kostet doch 12,25 und ich gebe 2,50 extra als Münzgeld.

Vor 16 Uhr wieder zurück. Es war gut zu fahren. In der Kappelstraße gab's sofort eine Parkmöglichkeit. Vor Einbruch der Dunkelheit wieder in Weinstraße 3.

Sonntag, 7. Dezember

»Aula« ist bemerkenswert. Der Tag vergeht mit Abschrift der Tonbandaufnahmen von »Aula«; zwischen 9 Uhr 30 und 9 Uhr nicht zum Taufgottesdienst gegangen, stattdessen um 10 Uhr 05 nochmals eine Sendung (Sprachsendung) über Lew Tolstoi und seine Frau aufgenommen und das Klarinettenquintett von W. A. Mozart, KV. 581 (?). Mit der Abschrift von »Aula« bin ich spät am Abend fertig geworden. Wieder hat's von oben her gehalten; der Restschnee hält sich zäh.

8. Dezember

Bis zum Abend, wo Karottenkauf und Besuch der Chorprobe vorgesehen sind, war die Tonbandabschrift »Tolstoi« und das Studium »Tolstoi« in Bd. 11 vom Brockhaus dafür maßgebend, daß ich sonst nirgends hingekommen bin: wundervoller Abendhimmel im Südwesten, so um 16 Uhr 45. Heinz J., der auch mit Lore gerade in der Gärtnerei eintrifft, bedarf nicht meines Hinweises. Er hat es auch gesehen.

Problem: Wie kommt man an die Karotten ran?

9. Dezember

Noch milder als gestern. Von oben herab gehalten.

Nach 11 Uhr Tante Annchen angerufen. 18 Uhr 15: W. hat mich eingeladen zum Weihnachtsessen in Cleebronn am Freitag, den 19. Dezember.

Am Abend kurz vor 17 Uhr noch Faeces in den Götzenberg gebracht. Es war höchschte Eisenbahn! Abgetrocknet ist es praktisch nicht.

10. Dezember

Seit Sonntag ist es recht mild geworden. Am Donnerstag, 11. Dezember, sollte die Mittagstemperatur auf 13°C klettern. Der Mittwoch ist ohne Erinnerung geblieben. Es sei denn, die Fahrt zur Filiale KSK in Dürrenzimmern, wo Frau B. von einem jungen Kollegen vertreten ist. ~~Mehr sollte sich am 11. Dezember~~ Für die Heimfahrt von Marianne muß ich 'n Regenschirm von ihr beanspruchen. Übrigens gab es (auf meinen Wunsch): Kartoffelsalat mit Fisch (viel zu viel gemacht: Hab mir zwei mal Kartoffelsalat genommen, damit er etwas weniger wird). Vom Fisch bleibt auch noch 'ne Menge übrig. Nach 19 Uhr Zeitung in der Blumenstraße geholt. Reiner lädt mich ein zur Apfelschorle. Er macht Mathe mit Lisa. Die muß dann noch einen angefangenen Erzähltext als H.A. zu Ende führen. Das tut sie offensichtlich »gerner«

als Mathe. Um 20 Uhr entschuldigt er sich: muß raus, um mit den Kindern zu beten. Wo ist Barbara? (Mit ihrer Arztpraxismannschaft zum Abendessen nach Leingarten gefahren.) Reiner hat schon 's Mittagessen für Donnerstag vorbereitet: Paprika mit Sonnenblumenöl und Zwiebeln. »Faire mijoter ensemble« (ich sollte der Marianne davon erzählen). Am Abend noch lange Unterhaltung am Telefon mit Tante Annchen (>30 Minuten).

11. Dezember

Wie schon angekündigt: verhältnismäßig hohe erreichte Mittagstemperatur. Den Schirm bring ich zu Marianne zurück. Den Termin beim Frisör um 14 Uhr 15 fast exakt eingehalten. Muß trotzdem noch 'n Moment warten. Nach Frisörsitzung ins Städtle gefahren, treffe Helmut und Irene an. Geburtstag von Irene ohne Benützung von Telefon gratulierend wahrgenommen. Beide sind gerade dabei, »Brötle« zu backen. Helmut ist mit Vorbereitung dazu so stark beschäftigt, daß Irene mit mir zur Garage runtergeht, um mir noch 'n paar Rettiche mitzugeben. Weil es inzwischen wieder zu regnen angefangen hat, leiht mir Irene einen Schirm aus. Trotzdem: Beschluß, vor dem Heimweg zu Isolde und Andrea zu gehen. Die Kleine macht mir auf. Bis fast 19 Uhr verweile ich dort. Zum Glück »Germinal« dabei und Wörterbuch Französisch-Deutsch von Isolde. Bis nach 18:30 Uhr ist's möglich, mich auf die Abendsitzung um 20 Uhr notdürftig vorzubereiten. Dann gehn die beiden mit ihrer Tochter noch zur Bäckerei rüber, ich geh nach Hause: Ein sehr milder und sehr düsterer Tag mit ständig wiedereinsetzendem leichtem Regen. Pausen reichen aus, zum Frisör zu fahren. Vom Frisör zum Städtle.

Das Wetter hat mich »versenkelt«: Um zum Mittagessen bei Marianne nicht zu spät zu kommen und dem Risiko des »Dauerregens« zu entgehen, hätte es kein Auto gebraucht. Zu dritt sind wir abermals beim Französischabend im Haus Heilbronner Str. 40. Und es sollte 22 Uhr werden, bis wir »uns trennen« ('n Schwätzle folgte der harten Arbeit).

12. Dezember

Ein weiterer trüber Tag mit viel sanftem Regen, weiterhin überaus mild, aber zunehmend windig, von Südwest auf Nordwest drehend.

Am Vormittag bei Tengelmann Marie-Luise K. überraschend getroffen. Sie kauft mit Zettel ein, wo das Einzukaufende vermerkt ist. Im Götzenberg: Karst im Gras wiedergefunden und zu Helmut gebracht, der ihn brauchen kann. Vorher bei Fahrt zur VB Dürrenzimmern vergeblicher Versuch, 300 DM für »Diakonie« an Evangelische Gemeinde durch Einzahlung zu überweisen. Mach dies dann in der KSK-Filiale und komme dabei im Gasthaus Lamm vorbei, um zu versuchen 'n Mittagessen zu bekommen. Auch das geht »daneben«. Geschlossene Gesellschaft. Tische mit Servietten und Sektgläsern, alles schon wundervoll gerichtet. Erst jetzt Fahrt in den Götzenberg. Karst sofort wiedergefunden und zu Helmut gebracht. Halbherzig wollte mich Irene zum Essen »dabehalten«. Ich zieh's vor, der Einladung für nächsten Dienstag allein zu folgen. Am Abend noch aus Kongreßsaal in Straßburg: Südwestfunk-Orchester ab 19 Uhr 05. Sech-

ste Sinfonie »Pastorale« und fünfte Sinfonie »Eroica«. Dabei wird es fast 21 Uhr. Accès d'évanouissement offenbar
perfekt. Es ist kurz vor Mitternacht, als ich »aufwache« und
die »brennende Lampe« auf'm Schreibtisch, den wegge-
schobenen »Rollstuhl« und den DFC-»Wälzer« auf dem Boden wieder antreffe. Spätere Entdeckung des zerbrochenen
Tragbügels (über rechtem Scharnier durchbrochen). Dies
erst beim Aufstehen am Morgen registriert.

13. Dezember

Schon in »Rückblende« um 6 Uhr 55 kommt ein Rückblick
über den Verlauf des Dichters Heinrich Heine. Es wird nur
zögernd hell. (Um 8 Uhr braucht man noch die Leselampe.)
Fehlleistungen gibt's wieder beim Herrichten der Abfälle für
die Fahrt zum Recyclinghof. Papierkorb will ich auch leeren. Großen Papierkorb finde ich nicht mehr. Nochmals muß
ich von Garage zurück. Geldbeutel muß noch auf'm Nacht-
tischle liegen. Zur Sicherheit nicht ohne Geld wegfahren.
Gibt mir die Möglichkeit zum Tanken von billigem Diesel. Bei
Shell war der Preis vorgestern noch 113 / Liter, gestern 117,9
Pfennig / Liter. Er könnte ja heute wieder auf 113 Pf./l gefallen sein. Bei den Fehlleistungen mich an das Wort erinnert:
Ordnung braucht Zeit und Müh, darum lerne und übe sie.
Auf'm Recyclinghof ist Hochbetrieb. Viele wollen sich von
ihren Abfällen trennen, auch auf die Gefahr hin, daß der
scharfe Wind leichte Plastikfolien wieder »mitnimmt«, so
das Ausladen erschwert wird.
Weil ich mit <u>Auto</u> kurz nach halb 10 Uhr schon weggekommen bin und <u>ein</u> wenig Vorsortiertes in den Eimern und im

großen Weidenkorb hatte, bin ich trotz der unverhofften Schwierigkeiten lange vor 11 Uhr fertig ... fahr auf'm Nachhauseweg mit der geleerten Obstkiste bei Reinhold vorbei; nehm dort auch 'n paar gelbe Äpfel im Weidenkorb mit.

Kurz nach 11 Uhr bereits Fahrrad gerichtet für Fahrt zur Hausener Str. 38. Auf meiner Küchenuhr war's grad 12 Uhr 45!, als ich nach dem Herrichten des Fahrrads endlich startklar bin (platter Hinterreifen mußte »ausreichend« aufgepumpt werden). Also ist es schon zwischen viertel und halb Zwölfe und die Marianne ist noch unheimlich an der Vorbereitung für das Mittagessen: Von der Küche raus tönt es so, als ob sie für 'n ganzes Regiment zu kochen hätte.

Von der évanouissement heute nacht nichts erzählt. Freie Zeit genutzt fürs Zeitunglesen (Durchblättern der Heilbronner Stimme). Wollt mich noch 'n bißle aufs Eckbänkle ausstrecken. Da fährt schon die Suppe auf; die Teller waren vorher aufgestellt worden, so daß kaum noch Platz blieb, Brille für das Mittagsschläfle auf »gesichertem« Platz abzulegen. Wie ich befürchtet hab, so ist's gekommen: »Prima« Suppe mit viel Suppennudeln, ergänzt durch Frühlingssuppe aus'm Suppenbeutel. Dann aber die »Vitaminbombe«, dieser Winterkohl, zu dem es doch gar keine Soße gegeben hat, weil das Fleisch, nach Rostbratenart mit Zwiebeln zubereitet, aus der Pfanne zu holen war. Mehr als zwei Kartoffeln deshalb nicht zusammen mit Vitaminbombe Winterkohl bewältigt (viel zu viel von dem Grünzeug aufgetischt!).

Über eine Stunde kaute ich wieder auf dem heutigen Braten und dem Gemüse herum. (Am Donnerstag war auch 'ne Stunde vergangen, bevor vom fasrigen Rindsbraten (den's

69

zu Blaukraut und Kartoffelpüree gab) die letzten fast unzerkaubaren Fleischfasern zu risikofreien Schlucken »bearbeitet« waren.)

Inzwischen ist heute auch Rolf mit Matthias aufgetaucht. Da war ich sogar 'n bißle froh, weil über die ganze Stunde hinweg, wo ich kauen mußte, um schlucken zu können, die Marianne nichts Besseres wußte, als ihre Weihnachtspost hinter sich zu bringen.

Bevor ich mich auf'm Heimweg mache, muß ich es sagen: Rolf steht neben ihr in der Küche und versteht sicher auch, was ich meine. »Deine Geschäftigkeit (erinnert mich an) läßt mich denken an Maria und Marta – im Verhalten gegenüber dem Herrn – wie es bei Lukas zu lesen ist.«

V. 38 Sie zogen zusammen weiter und er kam in ein Dorf. Eine Frau namens Marta nahm ihn freundlich auf. V. 40b Herr, kümmert es dich nicht, daß meine Schwester die ganze Arbeit mir allein überläßt? Sag ihr doch, sie soll mir helfen. Vorher kommt: V. 40a Marta aber war ganz davon in Anspruch genommen, für ihn zu sorgen.

14.–20. Dezember

Viel Ostwind und kalt bis zur Wochenmitte. Leichte Erwärmung zum Wochenende hin. Sonne zeigt sich am frühen Vormittag an zwei bis drei Tagen des kalten Wochenanfangs. Weihnachtsfeier des Gymnasiums am 16. Dezember (Dienstagabend).

Heilbronner Str. 40, Zusammenkunft am 18. Dezember, um 20 Uhr. Mittagessen im Ochsen zu Cleebronn ab 11 Uhr 30. (Bin mit meinem Auto dahin gefahren.)

Sonntag, 21. Dezember

Rolf ist mit Familie schon früh am Nachmittag angekommen. Zum größeren Mittagsschlaf hat es nicht gereicht. Der Sonntag ist wenig von Sonnenschein bestimmt, er ist meist trüb, aber nicht unfreundlich. Das ist für mich sowieso von geringer Wichtigkeit, weil ich ja endlich fertig werden will mit dem Brief für Roger B. Regentonnen sind voll.

22. Dezember

Neigung zu regnen wieder größer. Zurück von Marianne die Regentonne an Garagenausgang gegen »Baumwiese« ausgeschöpft. Nach dem Ausschöpfen: hartnäckiger Versuch, mit Brief doch zum Ende zu kommen; abermals gescheitert. Ein Glück, daß heut keine Chorprobe ist. Tante Annchen meldet sich am Abend am Telefon. Das Brot beim Bäcker Reichert hab ich mir gestern nach den Bankgeschäften bei Zweigstelle Dürrenzimmern geholt.

23. Dezember

Auf Mittagessen bei Marianne verzichtet. Durchgeschafft am Brief an Roger, ohne fertig zu werden. Unterbrechung dieser Schreibtischarbeit durch Flachdacharbeiten auf der Garage von Detlef S. mit Handwerksbetrieb (zwei Personen). Asbestplatten, die mein Flachdach abgrenzen: Sollen sie weg und nach Weihnachten durch asbestfreie Randbegrenzung ersetzt werden? Kosten (mit Entsorgung 100,– DM) etwa 800–900 DM. Sag erst zur Erneuerung »Ja« und tret dann doch wieder zurück. Es regnet leicht, als ich mit dem Botenheimer verhandle (Wasseruhr ablesen).

24. Dezember

Der Botenheimer war heut nochmals da. Frau T. und Roger angerufen. Brief an Waltraud. Werde vor 12 Uhr fertig mit dem Brief an Roger in Le Mans. Bring den Brief zur Post und kann bei Huzele auch noch Geschenkle für heut abend kaufen. Um 18 Uhr 15 zum Festessen eingeladen. Es beginnt aber erst nach 18 Uhr 30. Maurizio und Ingrid sind schon da, als ich komme. Die von der Schellinggasse kommen um 18 Uhr (25?). Isolde hat 'ne Bürste. Sehr müde, muß ich doch bis 22 Uhr mir die Zeit totschlagen. Hab mich beim Lichtersingen angemeldet (Pfarrvikar K.).

Es dauert bis 23 Uhr 10 und es ist nach Mitternacht, als ich bei leichtem Regen heimkomme: Gute 20 Minuten haben Albrecht und ich aufs Ende des Opferzählens gewartet, d.h. auf Presbyter Mary. Le Mans im Guide: »Châteaux de la Loire«. Weil der Brief an Waltraud M. noch fertigzubringen ist, wird es nach 1 Uhr, bis ich den Schreibtisch »aufgebe«. Über zwei Stunden plusminus noch wach und morgens schon hell, als ich aufstehe.

Weihnachten, 25. Dezember

Mild, zwischen 10 und 15°C. Um 12 Uhr zum Mittagessen bei Irene eingeladen.

Zum Kirchgang wird es knapp. Ich verzichte und genieß die festliche Musik in SWR2-Kultur mit Peter Stieber und die immer strahlender hervorkommende Sonne. Dabei Zeitungen ausgeschnitten. Um 15 Uhr 30 hat's sich schon wieder »überzogen«. Autofahrt über Nordhausen: 3,0 km. Nordheim Abzweigung Neipperg: 5,1 km. Einmündung in Straße nach Schwaigern: 10,1 km, Neipperg Dorfmitte: 12,2 km. Zweifelbergplätzle: 12,9 km. Über die Wengertwege heimfahrend sind es 17,0 km, als ich in die Garage einfahre. Beinahe-Unfall beim Überholen eines Rad(renn)fahrers oberhalb vom Streckbauchbrunnen. Vollbremsung des mich einholenden Fahrzeugs.

Insgesamt: frühlingshafter Tag. Ab 20 Uhr aufkommende Sturmböen. Es bleibt vorläufig mild. 22 Uhr: Kratzen im Rachenraum. Bronchocort-Anwendung scheint angezeigt ...

26. Dezember

Bemerkenswerte Begebenheit: die immer heller leuchtende Sonne und der Anruf von Albrecht kurz nach 14 Uhr wegen eventueller Radfahrt. Schlage vor, bis etwa 14 Uhr 30 in der Heuchelbergstraße aufzukreuzen. Hatte mir in Kopf gesetzt zu Fuß zu gehen nach Anfahrt des Wanderziels mit Auto. Jugend braucht das Auto, um zur Eisbahn in Heilbronn zu fahren. Mit dem Fahrrad fahren wir bei schönstem Sonnenschein los. Richtung Botenheim übers Botenheimer Feld zur Botenheimer Heide. Fahrräder an Hecke angelehnt bei Parkplatz Michaelsberg. Fernsicht nicht mehr so gut. Es schlägt 17 Uhr, als wir über Meimsheim zurück sind. Thermometer in Volksbank zeigt noch 9°C.

27. Dezember

Schauerregen bei Abfahrt zum Einkauf bei Tengelmann. Regenbogen bis Heimfahrt von Marianne um 14 Uhr 25. Überfahrener Igel am Ortseingang Dürrenzimmern von Meimsheim herkommend. Gestern bei Radfahrt ab 15 Uhr war schon auffällig die blendende, schräg kommende Sonne. Sie zwang besonders auf'm Botenheimer Feld und auf der Botenheimer Heide ständig auf'n Boden zu sehen.

Sonntag, 28. Dezember

Trüb, aber kein Regen. Nachschrift der Aufzeichnung über Schopenhauer am 18. Oktober 1989.

29. Dezember

Vorm Aufstehen ab etwa 7 Uhr 45 sachter Regen, der noch um die Mittagszeit in gleicher Ergiebigkeit fällt, aber erst beim Hellwerden eingesetzt haben muß, denn in der Regentonne ist keine auffällige Zunahme zu verzeichnen. Wetter hat immerhin Zeitplan völlig umgekrempelt: Weder zur KSK-Filiale Dürrenzimmern noch zum Automat für Kontoauszüge zu kommen, war's ohne naß zu werden möglich.

Ziehe es vor, Weg zu Marianne im Auto zu »machen«. Aber noch vor 14 Uhr hat es mit dem sachten Regen aufgehört.

Die Marianne hat wieder viel zu viel Spätzle gemacht (dreieinhalb), auch viel zu viel Kartoffelsalat (vor Noël: Sauerkraut en masse). Die Barbara kam erst gegen 13 Uhr von Lauffen weg. Den drei Mädchen hat sie Vorlo gegeben (das ist doch klar, daß die dann keinen Appetit mehr haben).

In den paar Stunden am Nachmittag, ab 13 Uhr, regnet es nicht. Am Abend fängt es wieder an. Die Frau B. hat noch während des Vormittags angerufen; längeres Gespräch.

Automat der Sparkasse gibt heute nichts her.

Mädchen an der Kasse war nicht besonders auf mein Zahlvorhaben eingegangen. Aber der Fehler lag daran, daß ich

74

nicht mehr daran dachte: Hab ja schon 1+4 DM in Münzen abgegeben; zwei Strauchgehölze: 2 x 16,80 DM = 33,60 DM. Das Mädchen sagt, als ich frage, was zu zahlen ist, 16,80. Schon <u>vorher</u>, als die aufgeschriebenen 14,80 DM »erledigt« werden, wollte diese (ich gebe ihr 100 DM-Banknote + 5 DM in Münzen) mir 80,– DM rausgeben. Hat sich dann doch aufs überlegte Rausgeben besonnen und die 20 Pf. (fehlend zu 5 DM) samt den DM.

30. Dezember

Ein heller Tagesanfang zieht auf. Die Hochnebel scheinen sich dauerhaft aufzulösen. Vielleicht kommt die Sonne heraus? Es sollte ein heller, fast vorfrühlingshafter Tag werden mit <u>5°C</u> in den ersten Nachmittagsstunden. Um halb 5 Uhr (16 Uhr 30) setzte ich das Ausputzen des Öhringer Blutstreiflings (von Siegfried gezweigt!) fort. Aber spätestens um viertel 6 Uhr Schluß gemacht: Es wird zu dunkel.
Um 13 Uhr erreich ich den Fridolin am <u>Telefon</u> (seine Frau B. holt in her).

31. Dezember

Es ist außergewöhnlich mild und sollte auch die Nacht hindurch mild bleiben. Geschossen wurde (wenigstens) in Dürrenzimmern weniger als in den früheren Jahren. Bäume beim Haus ausgeputzt.

1. Januar

+10°C. Am Vormittag scheint auch noch die Sonne. Am Nachmittag bleibt es über lange Strecken auch sonnig.

2. Januar

2 x 100 DM erhält Isolde zum Geburtstag. Leichter Dauerregen mit Unterbrechungen und weiterhin sehr mild. 9°C noch um 17 Uhr 10. Am Abend Einkauf bei Tengelmann?

3. Januar

Heller Himmel trübt sich ein im Lauf des Tages. Kurz vor 13 Uhr Aufbruch zu Tengelmann. Jetzt fallen schon die ersten Tropfen. Kurz vor 12 Uhr Anruf von Richard W. Fridolin bei ihm wegen des Termins fürs Kameradentreffen. Wo ist das jetzt? Der Richard W. redet mit einem anderen, als ich mich melde; läßt mich glatt stehen und danach nur mit Mühe zu Wort kommen.

In der Nacht von Fridolin B. und Richard W. geträumt. Fridolin vielbeschäftigt. Ob der wohl auch über Fehlleistungen klagen muß, wie ich sie besonders gestern abend sehr klar erlebt habe? Windböen mit ziemlich milder Luft bestimmen das Wettergeschehen.

Sonntag, 4. Januar

Der Vormittag wird ständig heller, weil sich die Wolkendecke »verflüchtigt« und gegen Ende des Vormittags die Sonne durchkommt. Aber ab 14 Uhr drängen die düsteren Wolken wieder von Westen zurück. Der Sonntag vergeht wieder einmal am Schreibtisch.

5. Januar

Freundlicher Sonnenschein am Vormittag hält auch über Mittag hinweg bis zum Abend. Fahr um 11 Uhr nach Heilbronn. Für das Auto hat's in der Böckinger Kappelstr. noch 'n Plätzle. Nach dreiviertel 12 Uhr Schlangestehen für das Fischgericht. Leute aus der Wormser Gegend sind am gleichen Tisch (redde pälzisch). 9,95 für Seelachs + 2,30 für ein viertel Liter Mineralwasser → 12,25 DM.

Gang zur Heilbronner Stimme. Anschlagkasten über Wilhelmsbau und Cäcilienstraße zur Rosenbergbrücke. Vor 2 Uhr schon wieder in Böckingen (der Seestraße). Das schöne milde Sonnenwetter lädt ein zu Spaziergang in Richtung West-Friedhof. Zu Bäcker Reichert reicht's um 16 Uhr noch.

6. Januar

Einladung zum Mittagessen. Heller Sommermorgen läßt an Faeces-Transport in den Götzenberg denken. Zum Kirchgang reicht es nicht. Irene und Helmut machen auch Spaziergang in die Theodor Heuß-Siedlung. Ich hole meine Faeces. Eimer in den Götzenberg.

7. Januar

Fängt das wieder an: Von Geldbeutel 100 DM-Schein wieder ins Kuvert. Geldbeutel achtlos auf Zeitschriftenstapel gelegt (gestern noch). Heute Geldbeutel gesucht (wollte noch vor 12 Uhr bei Tengelmann Milch und Orangen einkaufen).

Fängt das wieder an: Maultaschen in der Brühe bleiben stecken. Im Götzenberg Zwetschgenbäumle ausgeputzt und nachmittags nochmals in den Götzenberg; von 12 Uhr bis 17 Uhr geschort. Vom Baumausputzen verletzter linker Zeigefinger läßt Schoren und das Setzen der Schneebeere zu. Fast mit Barbara zusammengestoßen auf Trottoir. Sie kam von oben runter. Ich mit Bockleiter von unten rauf. Gut, daß Französischtreffen heut abend ausfällt. Frl.R. kann nicht, die Dorothea B. auch nicht.

8. Januar

Unglaublich mild. Himmel am frühen Nachmittag fast frei. Am Vormittag ab 9 Uhr Haselnußstrauch im Götzenberg rausgemacht. Baumerde von Buchweiden geholt. Ab 14 Uhr Fahrt aufs Hörnle mit zwei Eimern. Zwei Setzlinge Digitalis purpurea vom Hörnle mitgebracht. Hans sieht mich, länger dauernder Tratsch über Wengert und das milde Wetter, über Gemeindereform und Graf Neipperg, über Vorteile des Portugieserweins. Was tun mit Haselstrunk?

9. Januar

Den Kampfplatz beim Regenauffangdach erst nach halb 12 Uhr verlassen. Um 12 Uhr bei Tengelmann noch Milch kaufen wollen; war keine Frischmilch mehr da. Dafür noch ein Weizenbrot mitgenommen. Es reicht nicht zum Broteinkauf beim Reichert. Anschließend gleich zu Marianne. Bin erst nach 15 Uhr in den Götzenberg (mit Kartonage und Zeitungen). Das Reisig der abgestorbenen Kirschenästchen auf wohlgelungener Brandstelle fast vollständig verbrannt. Die Feuerstelle erst nach 18 Uhr aufgegeben (Teil von altem Lattenzaun mitverbrannt). Frühlingshafter Sonnenschein.

10. Januar

Wunder: Frühlingswetter kommt nach Reif schnell wieder zurück. Ab 9 Uhr 40 fahr ich auf die Ludwigshöhe und lasse mich erst ab 12 Uhr vom Spazierengehen abbringen (zuerst Richtung Niederhofener Straße, alsdann bis zum Parkplatz Plochinger). Am Nachmittag keine Ausflugsziele mehr verfolgt. Am fortgeschrittenen Nachmittag aber nochmals bei Brandstelle im Götzenberg und über'n Forstweg durch die Weinberge nach Hause gekommen.

Der Samstag war bei mir geprägt von Fahrt zur hohlen Weide (Buchweide), die ich am Tag zuvor (auch bei blendendem Wetter!) mit dem Fahrrad entdeckt habe. Siehe oben. (Dabei hatte ich gleich zum ersten Mal meine Kübel gefüllt, um zum Götzenberg zu fahren.) Der Rest des Vormittags wohl beim Ausgraben des Haselstrauchs am »Regendächle« zugebracht.

Sonntag, 11. Januar

Aus meinem Vorhaben, in die Kirche zu gehen, wurde mal wieder nichts (weil ich fürs Duschen zu lange brauchte).

12. Januar

Nochmals »saftiger Frost« und nachfolgende Schönwetterlage, die den ganzen Tag fast ungebrochen/ungeschmälert bleiben sollte. Am Vormittag im Städtle gewesen. Zwei Bücher vom Huzele.

Seit die wieder da sind, geht die Klospülung nach kurzen Pausen (man hört es auch an dem wellenartigen Geräusch vom Wasserenthärter im Heizungsraum des Zentralofens). Am späten Nachmittag einmal mehr in den Götzenberg gefahren: hinten, in der Nähe des Kirschbaums B.s, so lange geschort, bis es »Zeit wurde«.

Es ist an einem Tag mit unbedecktem Himmel auch bis nach 18 Uhr 14 zu schaffen. Merklich hat der Tag (wenigstens in der Abendzeit) schon zugenommen gegenüber Monatsmitte Dezember!

13. Januar

Genau so lange sollte das spät einsetzende Schoren kurz vor 17 Uhr auch am Dienstag, den 13. Januar, dauern. 18 Uhr erlebe ich noch auf dem »Kampfplatz«. Ein Glück, daß ich anders als gestern abend nicht dringend weg muß. Die Allianzgebetswoche ist heute in Meimsheim. Gestern fand das Singen und Beten in der Schloßstraße, im angenehm geheizten Saal, statt.

14. Januar

Wieder blauer Himmel, wenig kleine Wolken. Wieder oft auf dem WC gewesen: oben bei Bettina. Die hat wohl Besuch, der nicht die Absicht hat, fortzugehen. Auch am Vormittag noch im Götzenberg geschort. Am Abend ziehen Wolken von Westen her auf. Als ich vom Schoren im Götzenberg heimkomme, liegt ein verschlossener Brief auf der Treppe mit alleiniger Anschrift »D.«. In der Schrift keine Verschiedenheit zu dem Brief, den ich im Sommer bekommen habe. Ich öffne den Brief: 50 DM in 5 x 10 Markscheinen: Mieterhöhung, ab Februar Dauerauftrag.

Wieder am Abend noch bis 18 Uhr im Götzenberg (dunkler als gestern, wo keine Wolken aufgezogen sind). Vom Schoren zurückgekehrt noch die Freunde G. in der Tilsiterstraße 11 in Ludwigsburg angerufen. Pfannkuchen und Mirabellen.

15. Januar

Reiner und Barbara bei Marianne zum Mittagessen mit ihren Drei.

Weil Geburtstag, hol ich beim Huzele bestelltes Buch von vorgestern (Pareys Blumenbuch) und bring es am Abend noch in die Blumenstraße. Dort treff ich die Frau von Helmut B. an. Am Abend noch zur Heilbronner Straße 40 zu Französisch: Es tröpfelt, als ich 's Haus verlasse. (Am Nachmittag hat es sich eingetrübt.) Schoren im Götzenberg geht wunderbar: wie schön trocken!

16. Januar

Martin D. hat Geburtstag. Ein trüber Tag mit abschnittsweisem Regen.

17. Januar

Ein heller, überwiegend sonniger, nochmals milder Tag. Spaghetti mit Tomatensoße, Leberkäsaufschnitt.

Sonntag, 18. Januar

Wunderbar das Morgenrot. Sehr freundlich das Wetter am Vormittag. Vorgesehen war das Mittagessen im Ochsen in Botenheim: Kamen dort nicht zum Zug, waren nicht gemeldet. Im Grünen Baum hat's geklappt. Rinderbraten mit Spätzle für 16,50. Über Meimsheim sind wir um halb 3 Uhr in Hausener Str. 38 angekommen. Erst gegen 18 Uhr war ich zu Hause.

Leichter Regen und stürmischer Wind lassen das Wetter recht unfreundlich in Erinnerung bleiben. Ich darf Dias se-

hen von der holländischen Inselidylle um die Jahreswende. Wieviel Leute waren wir zum Mittagessen? Reiner und Rolf mit Frauen + Marianne, Frau S. + GD = 7
Reiner braucht morgen mein Auto.
Wo ist der Autoschlüssel (im Etui)? Nummer auf Ersatzschlüssel: NP3RNNPC.
Woche bleibt noch mild bis Donnerstag, 22. Januar, wo auch Frau B. wieder einmal um 20 Uhr 20 zum Französischtreffen sich eingestellt hat. Die Höhen der Löwensteiner Berge grüßen »weiß« herüber.

23. Januar

Termin zwischen 10 Uhr 30 und 11 Uhr in Klingenberg, Neipperger Höhe 24. Herr R. ist fündig geworden. Ab 1. Februar wieder <u>Mieterin</u> im Klingenberger Appartement. Kaltluft ist eingedrungen. Wind kam gestern aus Nordwesten.
Am Nachmittag ist auf allen Wasserfässern (Regentonnen) eine mehr oder weniger dicke <u>Eis</u>schicht durchzuschlagen, um die Fässer zu leeren. Auch im Götzenberg sind wieder drei große Eimer Wasser seit vor Weihnachten dazugekommen. Bleibe bis zum Abend bei Marianne.
Seit heute ist es wieder kritisch im Kreuz.

24. Januar

Den ganzen Tag über leichter Schneefall. So ist wenigstens ein winterliches Aussehen der Landschaft garantiert, wenn man auch von geschlossener Schneedecke nicht sprechen kann.

Sonntag, 25. Januar

Am frühen Morgen fahren zum ersten Mal die Schneeräum- oder Salzstreufahrzeuge. Nur noch auf +1° steigt die Temperatur am Nachmittag. Es ist recht kalt auf der Heimfahrt nach dem Gottesdienst wegen der nordöstlichen Winde.

26. Januar

Ein Dauerfrosttag mit aufhellendem Himmel im Verlauf des Tages und −1°C um 15 Uhr am Nachmittag. Bißchen Schnee von der Nacht von Samstag auf Sonntag ist liegengeblieben. Um 15 Uhr 45 ist fast der ganze Himmel blau. Eine eisige Nacht ist vorauszusehen. Jetzt friert doch noch das Geschorte im Götzenberg an.

27. Januar

Weiterer Dauerfrosttag. Nehm Auto, um bei LIDL Orangen und Bananen zu kaufen. Bei Marliese einen Korb voll Äpfel mitgenommen. Wegen des wundervollen Sonnenscheins bei −2°C um halb 4 Uhr noch aufs Hörnle gefahren. (Auch weil ich nicht gleich in meine Wohnung wollte, in der Marianne war, um die dreckige Wäsche zu holen.) −2°C beim Vorbeifahren.

28. Januar

Nochmals sonniger Dauerfrosttag. Nochmals mit dem Auto zu Marianne; −2°C beim Vorbeifahren (heute vor 15 Uhr), abermals aufs Hörnle. Bißchen Schnee bleibt zäh liegen (im Schatten).

29. Januar

Hochnebel läßt Sonne erst spät am Nachmittag ein bißchen durchkommen. Nach Sonnenuntergang ist der Himmel hell. Es sollte eine recht kalte Nacht werden, die wegen der großen Luftfeuchtigkeit als unangenehm kalt empfunden wird. Das Hörnle bleibt weiterhin mein Ziel. Zur Gastwirtschaft geh ich abermals. Diesmal aber von der Hörnleswirtschaft zum Fridolin. Platz runter zum Waldparkplatz Aspen und von dort übers Nordheimer Hörnle und den Heidelberger Weg zum Auto zurück. Recht kalt ist's bei Radfahrt zum Französischtreffen um 20 Uhr in Heilbronner Str. 40.

30. Januar

Gleich am frühen Vormittag löst sich der Morgennebel, der den herrlichen Rauhreif verursacht hat, auf. Vormittags recht müde, weil schon kurz nach 5 Uhr nicht mehr zum Einschlafen gekommen. Turbatio manus res facta. Eine merkwürdige Empfindung von Müdigkeit und Stimulanz. Am Nachmittag von 14 Uhr 45 und 16 Uhr 45 erneute Fahrt zum Hörnle. Der strahlende Wintersonnentag hat dazu verführt (nach Sprudelkauf und Einkaufsgang zum Tengelmann). Anna M. kommt mir auf Heilbronner Str. beim Schreiber mit Einkaufstasche entgegen.

31. Januar

Samstag: entscheidende Milderung der Tagestemperatur. Chor trifft sich zur Sonderprobe im Chor der Stadtkirche und im Unterrichtsraum des alten Gemeindehauses zu Brezeln und Kaffee.

Sonntag, 1. Februar

Nochmals in Hausener Straße 38 zum Mittagessen. Wann ist der Brief von Geneviève angekommen? Eindrucksvoller Westhimmel und Abendrot nach Sonnenuntergang. Isolde hat mir ihre Zettel bereitgelegt zum Durchlesen. Ich habe sie noch am Abend z.T. durchgelesen. An den Geburtstag von Tante Hilde mußte ich tagsüber mehrmals denken.
Albrecht kommt rausgefahren mich abzuholen zur Chorprobe. Heimfahrt von der zierlichen Frau K.

2. Februar

Lichtmeß. Kurz vor Mittag will ich mit den »korrigierten« Bögen zu Isolde, da passiert der »freie Fall« vom schnellen Fahrrad, der die Wundbehandlung im Krankenhaus notwendig machte.

4. Februar

Reiner bringt Marianne nach Sobernheim und ist schon gegen 12 Uhr zurück von dieser Fahrt. Meine Fahrt zur Firma Fickartz endet in der Böckinger Hofstattstraße, wo ich noch 'n Parkplatz für mein Auto finde. Die Sonne scheint; zu Fuß bin ich gegen 12 Uhr in der Wilhelmstraße. Man zeigt mir die Praxis von Albrecht. Zehn Minuten bevor ich dort eintreffe, ist Albrecht von Krankenbesuchen zurück nach Hause gegangen. In der »Nordsee« Fischgericht als Mittagessen. Schwierig war die Zeit von »kurz nach Mittag« bis 5 Uhr 20 rumzubringen. Dann kann ich die neue Brillenfassung mit den »eingeschafften« alten Gläsern abholen.

6. Februar

Freitag. Zum ersten Mal um 12 Uhr für 22 DM (große Apfelschorle) im Lamm zu Mittag gegessen.

7. Februar

Irene hat mich zum Essen eingeladen. Dem Fridolin schon gestern abend angerufen. Er war bei starker Dämmerung noch nicht vom Wengert zurückgekommen. Dem Richard W. heute wegen der Heilbronnfahrt angerufen. Wir werden uns einig, am Abend nicht mit zum Hotel Götz zu fahren, dafür aber am Mittwoch, den 11., bei der Wanderung ab Trappensee-Gaststätte über Köpfertal zum Schweinsberg.

8., 9., 10. Februar

Viel mit Isolde über die »Zettel« diskutiert. Es geht nicht so schnell, daß nur kleine Korrekturen (Satzzeichen, Wörter, Ausdrücke) durchzuführen <u>ausreiche</u>. Am neunten Februar (Montag) geh ich mit dem Auto zur Chorprobe statt zum Kameradentreffen in Heilbronn.

Am 10. ein zweites Mal ins Lamm in Dürrenzimmern zum Mittagessen. Richard W. hat am Telefon von seiner Unfähigkeit erzählt, mich zur Fahrt zum Trappensee Heilbronn abzuholen.

11. Februar

Will unbedingt am Spaziergang ab Trappensee-Gaststätte teilnehmen ... muß deshalb irgendwie rechtzeitig bis 13 Uhr 30 in der Jägerhausstraße beim Trappensee sein. Auto wieder in Böckingen, Mittagessen (wieder) in der Nordsee.

Brille nachstellen lassen. Sie war nicht mehr zum Aushalten, hat sehr auf'n schmalen Nasenrücken gedrückt. Mehrstündiger Spaziergang bei frühlingshaftem Wetter. Am gemeinsamen Wildschweinbraten im Jägerhaus noch teilgenommen. Von der Jägerhaus-Gaststätte mit zwei Chauffeuren (zuletzt Wolfgang S.) meinen Peugeot in Alt-Böckingen wiedererreicht. Wolfgang fährt weiter nach Flein.

12. Februar

Donnerstag. Ausgedehnte Vorbereitung für Abendtreffen, das heute erst um 8 Uhr beginnt. Treffe gleichzeitig mit Frl. R. ein. Moos auf Erdschutzwall. Felghaue und Spaten im Götzenberg geholt. Früh aufgehört mit Felgen, weil ja Französisch vorzubereiten ist.

13. Februar

Freitag. Zum Mittagessen war ich eingeladen. Es gibt Winterkohl. Mit den Zetteln von Isolde zu tun gehabt.

14. Februar

Jahrgangstreffen im Schützenheim in Neipperg ab 16 Uhr 30. Bis 21 Uhr bleib ich dort. Bei Irene gibt es Fasnetküchle und Apfelbrei. Die meisten vom Jahrgang haben das Mittagessen auf den Abend verlegt. Vorfrühlingshaftes Sonnenwetter vom Freitag hält an. Weil es bei der Bögendurchsicht bei Isolde länger gedauert hat, bringt mich Isolde mit ihrem Auto in die Weinstraße und die fortgeschrittene Nachmittagsstunde macht mir die Entscheidung für Autofahrt nach Neipperg. Nach 16 Uhr losgefahren. Alle waren vor dem

Schützenhaus versammelt, als ich gegen halb 5 Uhr ankomme. Weitergefahren zum Parkplatz beim Weinlehrpfad. Weil ich zweimal die Leberspätzle-Brühe mir hab bringen lassen, ist meine Zeche für den Nachmittag insgesamt DM 16,–. Unter dem Sternenhimmel wartet auch mein »Autole« auf dem Parkplatz abgeholt zu werden.

Sonntag, 15. Februar

Gut besuchter Sonntagsgottesdienst; K.
Schönster, von Sonne geprägter Sonntagnachmittag vergeht am Schreibtisch. Antwortbrief nach Pavillons sollte fertig werden.

16. Februar

Wetter trübt sich ein. Böige Windstöße! Von Albrecht S. werde ich zur Chorprobe abgeholt. Fahrt zum Mittagstisch im Lamm (Dürrenzimmern) endet mit Ernüchterung. Die Gaststätte macht vom 15. bis 25. Februar zu. Bin doch schlechter dran mit der Heiserkeit als vermutet. Nicht viel los war für mich beim Mitproben. Weil M. mit bestimmten Chormitgliedern eine Nachsitzung, die Noten betreffend, abhielt und Albrecht S. da mitmachte, entschloß ich mich nach über halbstündigem Warten zu <u>Fuß</u> zu mir zurückzukehren. Wegmarschiert: 20 Uhr 45; bei mir eingetroffen: 22 Uhr 50. Husten während der ganzen Nacht mit viel Auswurf. Auf Zeitangabe durch kleinen Wecker ist kein Verlaß mehr. Er geht schon gestern die genaue Angabe der Küchenuhr um fast zehn Minuten nach. Thermometer vor Kreissparkasse zeigt <u>9° und 8°</u> an.

17. Februar

Mal abgeduscht und Unterwäsche gewechselt: Vorbereitung auf den Termin bei Albrecht. (Er sagte letzte Woche: Nach dem Augenarzt soll ich gleich zu ihm kommen.) Um dreiviertel 1 Uhr war das Mittagessen (Seelachs mit Kartoffelsalat) schon vorbei. Gegen 13 Uhr schon in der Praxis Veith. Dort komm ich ohne viel Warten gleich dran. Die gerichtete alte Brille kann weiterhin benutzt werden. Die Augen haben sich nicht verändert ... soll aber trotzdem kurz vor Weihnachten nochmals »zu ihm« kommen und vorher um einen Termin mich absprechen. Kurz nach 13 Uhr stand ich im Flur vor der Praxis von Albrecht. Nach über viertelstündigem Warten frag ich schließlich eine von den zwei Hilfen, gerade im Begriff heimzugehen. Der Doktor kommt erst um 15 Uhr. Also nochmals über einstündiges Herumsitzen im Wartezimmer. Hätt ich doch nur meinen Emile Zola »Germinal« in das Mäpple eingesteckt. Es wird fast 16 Uhr, bis ich wieder beim Autole bin. Die Heimfahrt war flott verlaufen. Bis zur Bürgerturmstraße durchgefahren. Medikamente in der Brackenheimer Ratsapotheke eingekauft. Für Besuch bei Tante Hanna bleibt noch Zeit. Weil es schon auf 17 Uhr zugeht, meldet sich aufs Läuten an der Haustüre die Schwester, die mich dann auch ins Haus reinläßt. Zwei schleimlösende Tabletten mit viel Teinacher Mineralwasser noch während des Abends genommen, vor 22 Uhr sehr müde zu Bett gegangen und verhältnismäßig ordentlich (ohne zu viel »austreten« und husten zu müssen) die Nacht rumgebracht. Auch morgens rechtzeitig zur »Denkpause« (5 Uhr 55) aufgewacht und aufgestanden.

18. Februar

Den Fehler gemacht, mich nicht nochmals aufs Ohr zu legen, weil ein heller Morgen und wundervoller Sonnenaufgang wieder einen wirklich makellosen Vorfrühlingstag versprechen. Das Sonnenwetter genützt, um kernechten Pfirsich, der schon seit Do. oder Fr. letzter Woche im »Wännele« (»Badzüberle«) aufs Gesetztwerden harrt, in den Götzenberg zu bringen, gleich mit den Faeces, die sich schon wieder im schwarzen Eimer angesammelt haben.

Der sonnige, milde Mittwoch war doch für allerlei Bodenarbeit im Hausgarten recht.

19. Februar

Donnerstag. Trotz vorfrühlinghafter Temperaturentwicklung und Rosenkohl bei Irene und Helmut nur geringer Appetit. Falsch war sicher, mit dem Fahrrad um halb 12 Uhr ins Städtle zu fahren. Hohes Schlafverlangen. Fiebermessung auf Thermometer bei Irene: 38,9°C. Lege mich nach schnell beendetem Mittagessen in Heilbronnerstraße 15 hin und hol etwas vom versäumten Schlaf der letzten Nacht nach. Da geht's mir wieder etwas besser, wage aber nicht, den Heimweg mit dem Fahrrad anzutreten. Andrea bringt mich heim. Für Freitag (20. Februar) zwei Maultaschen von Irene mitbekommen; schwarzes Mäpple dort vergessen. Bankauszüge und Batterie für Küchenuhr waren dort drin. Frl. R. telefoniert noch am Nachmittag. Reiner stellt mir Therapieplan auf. Es kommt mir gelegen, daß Französischtreffen nicht stattfindet.

20. Februar

Fehlerfreier, sonniger Vorfrühlingstag zu Hause aushalten müssen. Nach erholsamem Schlafenkönnen in der Nacht und dem in Blumenstraße 11 erhaltenen Krankheits-Genesungsplan heut nicht gewagt rauszugehen. Was hätte ich heute von meinen Bodenbearbeitungsplänen verwirklichen können! Am Abend hat auch noch Reiner sich nach meinem Befinden per Telefon erkundigt. Am frühen Nachmittag noch 40,4°C. Am Abend nur noch 38,4°C.

Dramatisch verlaufener Nachmittag nach mühsam eingenommenem Mittagessen.

Das böse Erwachen auf dem Küchenboden nach dem Bananen-Nachtisch mit LIDL-BANANE nach der Mahlzeit mit zwei Maultaschen: abgebrochener Brillenbügel links (linke Kopfseite lag auf dem Küchenboden). Versuche, mit Schnur festzubinden, mißlingen: erneute Fahrt nach Heilbronn unumgänglich. Man rät mir allgemein mit dem Bus zu fahren. Irene teilt mir noch Abfahrtszeiten und Haltestellen mit (Einstieg, Wegstrecke am Samstag). Das mit den Faeces in der Unterwäsche, was auch während des Anfalls passiert ist und das sofortige Reinigen (Auswaschen) notwendig machte, sei doch noch am Rande erwähnt.

21. Februar

8:19 Uhr Bus ab Meimsheimer Straße wegen des späten Wiedererwachens von angenehmem Schlafenkönnen zur vorgerückten Nachtzeit (erst 7:15 Uhr wieder erwacht). Beim Aufstehen nur noch 37°C, etwas später 37,2°C gemessen! Schöner Sonnenaufgang und gute Fahrtbedingungen bringen mich letztlich zum Entschluß, mit Autole wieder bis zur Hofstattstraße nach Böckingen zu fahren. Haltestelle gleich in der Nähe und wenig Schwung aus eigener Kraft zur Stadtmitte zu kommen. Bus von Klingenberg kommend, läßt nicht lange auf sich warten. Schon kurz nach 9 Uhr kann ich am Rathaus aussteigen. Der freundliche Busschaffner fragt mich beim Einlösen der Karte nach Rückfahrtwünsche.

9:30 schon Brillenanliegen bei Fickartz vorgebracht. Beschädigte Brille bei Fickartz gelassen. (DM 4,50 Heim- und Rückfahrt von Böckingen.) Gut, daß kurz vor 18 Uhr das Aussetzen noch geklappt hat.

Sonntag, 22. Februar
Heute war Dauerregen in feinster Form, ohne je ganz abzubrechen. Zum Gottesdienst hätte es zu Fuß nicht gereicht. Zum Mittagessen um 12 Uhr 15 mit dem Auto ins Höfle gefahren.

*

Woche bis 28. Februar: Kaltlufteinbruch. Es waren zuletzt Tage, wo +10°C Mittagstemperaturen kaum erreicht wurden. Erst ab 26. Februar trüber Tag, aber mittlere Tagestemperatur fühlbar höher als bisher.

26. Februar
Frühlingshafte Sonnenbeleuchtung. Fahr erst nach 11 Uhr ab nach Heilbronn. Parkplatz in der Klingenberger Straße in Böckingen. Halb 12 schlägt's vom Turm der Evangelischen Kirche zu Böckingen, als ich auf der neugebauten Böckinger Brücke stehe. Um 12 Uhr 05 bin ich schon in der

Sülmerstraße (Mittag schlägt's vom Turm in der Sülmerstraße). Schon vor 12 Uhr 30 bin ich bei Fickartz fertig; hab die Bügel bezahlt (DM 72). Im Fischhaus »Nordsee« warten die Leute bis raus auf Fußgängerzone. Nach »Seelachs mit Kartoffelsalat«-Mittagessen noch Postpassage erreicht und Aushang der Heilbronner Stimme vom 25. Februar studiert. Um 14 Uhr 10 schon wieder in Dürrenzimmern. Schönwetterlage mit Sonnenschein läßt Kaltluftzufuhr vergessen.

27. Februar

Trüber Tag, aber kein Regen. Zum ersten Mal seit Dienstag, 4. Februar, wieder bei Marianne (was hat's gegeben?). Weiterfahrt ins Städtle. Ade-Sagen: Ingrid mit Anhang fahren morgen (Sa., 28. Februar) wieder zurück. Weiter zu Huzele. Pflanzenbestimmungsbuch bei Hilde bestellt. Weiter zur Fahrradhandlung Schmid (Zweiradzubehör) nach Botenheim. Mit neuem Fahrrad über Meimsheim nach Dürrenzimmern. Gleich beim Start zur Heimfahrt fall ich mit Fahrrad zu Boden; war aber nicht tragisch. Sattel wieder tiefer eingestellt.

28. Februar

Wieder sollte es 'n regnerischer, windiger Tag werden. Neues Fahrrad auf Terrasse bei Marianne gelassen: Aufkommender Regen mit scharfem Wind macht Heimweg zu Fuß mit Schirm von Marianne sinnvoll. Entschluß, übers Neubaugebiet Burg zu gehen. Regen hört bald endgültig auf. Abendaufhellung läßt recht frische Abkühlung in der Nacht vorausahnen.

Sonntag, 1. März

Kein Reif, aber nahe 0°. 9 Uhr Aufbruch, um Fahrrad bei Marianne zu holen. Mit Sonnenschein den jungen Tag (Sonntag!) begonnen. Schönwetterlage erscheint am Spätnachmittag durch aufkommende Bedeckung. Geh erst nach 12 Uhr 30 mit neuem Fahrrad zur Hausener Str. 38. Scharfer Wind. 12 Uhr 45 treffe ich Reiner und Barbara auf Heimfahrt.

2. März

Überwiegend trüb (bedeckt!). Kein Regen. Fang noch an, Reisig zusammenzutragen. Wo ist bloß wieder das Beil hingekommen? Beppo leiht mir sein Beil aus. Holz beim Hauklotz ist auf'm Holzstoß von Beppo gut angehäuft. Geschafft, bis es ganz dunkel geworden ist (nach 18 Uhr 30!). (Sonniger Frühnachmittag mit Auto! Um 12 Uhr Sprudel geholt ... Nach Mittagessen zu LIDL gefahren.)
In der zweiten Nachthälfte sollte turbatio manus res facta lindernd wirken auf die Erregung, die den Schlaf nimmt.
Letzter Teil des Vormittags: Reisig vollends zerkleinert. Himbeeren will ich vorsetzen und fang an, Gräbele auszuheben. Nach Mittagessen Plan geändert, weil Wetterbericht von aufkommendem Regen gesprochen hat.
Blumenkohl und Pellkartoffeln gab's bei Marianne, neben Suppe.
Zum Fundbüro (Bürgerturmstraße), wo ich »fündig« werde. Tante Hanna danach Besüchle gemacht, bei Tengelmann Milch eingekauft (vier Bananen auch noch mitgenommen). Wolf ruft an, weist auf Firma <u>Weber</u> in Güglingen hin.

3. März

Weil es sehr trüb ist, bricht die Abenddämmerung verhältnismäßig früh herein (kurz nach 16 Uhr). Um 15 Uhr geh ich vom Tengelmann gleich rüber in den Götzenberg zum Unkraut versetzen. Klatschmohn, Kornblumen, Rittersporn und ab und zu noch Goldlack. Ich hab die Setzlinge gegossen. Und Wasser raufgetragen. Mindestens dreimal zum Bach gegangen. Weil die Temperaturen längst 10°C überschritten haben, bringt mich das Wassertragen ins Schwitzen. Gießkanne zusätzlich gefüllt. Zum Gießen aller reicht es nicht mehr; ich hoffe auf Regen. Der will aber keineswegs kommen. Man könnte sagen: Der aufkommende starke Wind hat ihn vertrieben.

4. März

Sonniger Morgen. Schon die Nacht war sehr mild. Um 5 Uhr schon aufgestanden. Nach 8 Uhr (vorher am Telefon Marianne gratuliert und Grund genannt: Götzenberg). Frisch gesetzte Pflanzen nochmals gießen: Es hat ja nicht geregnet. Sturmböen werden zunehmend schnell heftiger bis 125 km/h. Vor 10 Uhr vom Götzenberg zurück. Will Arztrechnungen überweisen. Finde Überweisungsformulare nicht. Nicht überwiesene Arztrechnungen (+ Kopien). Weil ich über 7000,– auf'm Girokonto habe, wag ich es, 4000,– DM abzuziehen. Über Geldumlage 64000,– (letzte Überweisung auf diese Art Sparkonto) Anfang April. Termin morgen nachmittag vereinbart. In der »Sonne« gleich Schwarzbrot und (heute fünf!) Brezeln gekauft. Vor Abfahrt nach Botenheim Brot und Brezeln ins Haus gebracht und (siehe da) Über-

weisungsvordrucke der Sparkasse noch schlagartig wieder-
entdeckt. (Schon <u>vor</u> Abfahrt zur Kreissparkasse die lange
vermissten Arztrechnungen und Rücksendung der Kopien
auch wiedergefunden. Zähle 860,– für das alte, 580,– für
das neue Fahrrad.) Wo das alte Geld gesteckt hat (also
halt am anderen Ort – o weh mein Gedächtnis), das hätte
mir kommen müssen, bevor ich zur KSK-Filiale aufgebrochen bin. Fahrt über Meimsheim und Botenheim wegen der
scharfen Südwest-Sturmböen eine Qual. Zwischen Meimsheim und Botenheim hab ich noch nie absteigen müssen
und schieben – aber heute!
Schwierig wird's mit zwei Rädern nach Brackenheim zu
kommen. Frau S. (Firma S., Botenheim, Wiesenbachstr. 2;
Gelbe Seiten: S. 87/1) meint, das würde glatt aussehen.

5. März

Schwarzes Mäpple kurz vor Fußgängerampel vom Gepäckträger gefallen. Es waren immerhin von mitgenommenen
1000 DM noch <u>330</u> DM in den Kuverten (+ 1000, also 2000
mitgenommen, weil ich <u>500</u>,– der Marianne vorhab zu geben, weil die Tante Claudia kommt).
Zur Bezahlung 1000,– DM mitgenommen.
580 + 86 → insgesamt bezahlt: 666 DM.
Kurz entschlossen Fahrrad (alt) in Hof Schloßstraße bei
Reinhold hingestellt. Mit neuem Fahrrad fast pünktlich, 12:15
Uhr, in Hausener Straße angekommen. Barbara kommt von
Marianne raus. Neues Fahrrad nach Mittagessen auf Ter-
rasse abgestellt (es gibt Riwwelsupp mit Sudfleischbrocken
+ Kartoffelsalat mit paniertem Schnitzel). Bei sonnigem,

sehr mildem (>15°C), stürmischem Frühlingswetter zu Fuß zu Reinhold, um (altes) Fahrrad zu holen. Frau Paul H. sitzt auf ihrem Bänkle. Sie ist auf linkem Auge blind. Sie hat 'n Schlägle überstanden und ist auf linker Gesichtsseite gelähmt: Jahrgang 1920! (wie Tante Hilde!) Auf Heimweg gleich in den Götzenberg, weiteren Löwenzahn, weitere Rittersporne gesetzt und mit Rest des gesammelten Wassers (einmal noch zum Bach gegangen!) gleich angegossen. Mit Äpfeln und Pumpe auf Gepäckträger nach Dürrenzimmern gekommen. Da fällt mir sofort auf: schwarzes Mäpple auf Eckpfosten von Walter R. vergessen. Also nochmals in den Götzenberg. Ein Glück: Es lag noch da! (Da mußten noch 500 DM + 300 DM drin sein). Himbeeren wieder gesetzt, bevor es dunkelt.

20:15 Uhr. Der Sturm nimmt orkanartige Züge an.

Wo sind die 330 DM? Zwischen den Fahrradrechnungen waren sie gesteckt. Sind sie doch weggekommen? Im Geldbeutel sind sie nicht!

20:45 Uhr. Gefunden: Sie waren mit Gummile zusammengehalten.

6. März

Radfahrt zum Kreiskrankenhaus und zur KSK-Filiale mit den Arztrechnungen.

7. März

Seit Freitag, 6. März, hat's geregnet. Angefangen schon in der Nacht am Donnerstag auf Freitag. Vorgestern (5. März) hat's wieder fast orkanartig gestürmt. Aber die Temperaturen waren am Mittag auf >15°C geklettert ... Samstag: Mit dem Regen geht es grad so weiter, das ist mir recht. Gestern (6. März) hab ich angefangen, die Himbeeren zu versetzen. Mit aufgefangenem Wasser hab ich sie noch reichlich gegossen. Ab gestern abend und heute ist das nicht mehr nötig. (Regenschirm vonnöten, um am Freitagabend noch bei »Tengelmann« einzukaufen, während es am Donnerstagabend doch kaum riskant war, ohne Schirm zur Sitzung im Haus Heilbronner Straße 40 zu fahren, wo Dorothea B. abermals durch Abwesenheit glänzte.)

Am Samstag, 7. März, endlich: immer wieder kräftige Schauer. Um halb 12 zum Mittagessen zu Marianne gefahren. Auf'm Hin- und Heimweg den Regenschirm gebraucht. Abgesprochen war: Abfahrt nach Willsbach um 13:00 Uhr. Albrecht kommt etwa 13:<u>05</u> Uhr und hat schon eine Frau im Auto. Gut, daß in Nordhausen nochmals eine Frau einsteigt. So ist ab Nordhausen das Auto mit vier Personen besetzt.

Im großen Gemeindehaus in Willsbach kommt ein großer Chor zustande. Der Willsbacher Pfarrer probt auch mit.

<u>Mit</u> zwei Tenören aus Willsbach bändele ich sofort an. Der eine, rechts von mir sitzend, kennt den Dr. I. (ein Posaunenchorbläser sei er!) und den Pfarrer <u>S</u>. Die Helga H. taucht auch auf; geht aber nicht sonderlich auf das Angesprochensein durch mich ein.

Heimweg: Nackartalstraße beim Biersdorfer vorbei. Rückfahrt über Sontheimer Landwehr. (Albrecht meint, so sei es doch <u>nachher</u>.) (Als ich mal meine – bei der Heimfahrt – wir waren jetzt nahe beim Bahnhof – widerspricht die Frau aus Nordhausen.)

98

Samstagabend, 19 Uhr: Wage wieder mal 'n Anruf an Frau
B. Sie antwortet, sagt aber gleich, daß sie weg muß. Soll
morgen vormittag oder morgen abend anrufen.

Sonntag, 8. März

Sonnig strahlender, aber recht kühler (recht kalter!) Sonntagmorgen. Zum Gottesdienst gefahren! Mit Albrecht geh
ich zur Burghalde und zu seinem Domizil in der Heuchelbergstraße. Wage Albrecht nicht zu fragen, was er von der
heutigen Predigt des Herrn Pfarrer S. hält. (Es war 'n Taufgottesdienst.)
Seit gestern Wintereinbruch. Im Verlauf des Nachmittags
wird es noch kühler und es bleibt frei der Schauerregen. Der
Wind flaut ab auf nul vent. Zwei Stunden vom Nachmittag
durchgeschlafen von 16 Uhr – 18 Uhr.
Aufwachen am lebhaften Automobilverkehr. Erster Ein-
druck: Es ist früh am Morgen. Sonne gerade hell geworden.
Da fällt mir ein: Am Sonntagabend wollte ich doch der Dorothea anrufen. Erleichterung, als ich an den Baumstämmen
(vom Licht der Sonne im Westen bestrahlt) sehe, daß es
noch Sonntagabend ist und Sonne im Begriff ist, unterzu-
gehen.

9. März

Sonnenaufgang am völlig unbedeckten Winterhimmel. Es
war nahe dabei, 'ne dünne Eisdecke zu bilden. Von der Son-
nengasse geht der Blick in einen Hühnerhof, wo sich auf
einer Pfütze schon Eisstäbchen gebildet haben.
Fridolin hat von »auswärts« angerufen wegen Stammtisch

heut abend. Um die Mittagszeit kommt's nur noch auf +6°C.
Um 17 Uhr beglückt uns für zehn Minuten ein wirbelnder
Schneeschauer.

10. März

Insgesamt winterlich kühl. Aber eine strahlende Sonne hellt
die Temperatur am Nachmittag auf und gibt einen Vorge-
schmack auf den nahenden Frühling. Außerdem ist es windstill. Ideal-Wetter, die Abfälle zum Recyclinghof zu fahren.
Fahrt gleich ausgenützt, um Wein zu holen. Anneliese E.
hat mich persönlich, nicht unfreundlich, bedient. Am Abend
noch der Christel zum Geburtstag alles Gute gewünscht.

12. März

Es bleibt sonnig. Inzwischen ist es ordentlich abgetrocknet.
So ideal, um Hausgarten vollends rumzuspaten. Am Abend
zum Italienisch für Anfänger gefahren. Die Lehrerin kam erst
18 Uhr 45 (Anfang festgelegt auf 18 Uhr 30). Beim Kurs betei-
ligen sich über zehn Leute, darunter auch meine Nachbarn,
die »P.s«. Die Frau Kinderärztin ist nicht erschienen (Dorothea B.). Vorzeitig breche ich auf und komme zur Chorprobe
noch rechtzeitig. Am Schluß der Probe dem Gustav (D.) und
der Frau H. (lange gebraucht, den Namen wiederzufinden)
zum Geburtstag gratuliert. Frau H. wird rot, als ich es wage,
adresser la parole en français.

13. März

Schönwetterlage geht langsam über zu bedecktem Himmel,
aber noch bleibt es trocken, so kann auch das letzte Stück

des verwilderten Bezirkes beim Gewürzluikenbaum rekultiviert werden. Wie auf Bestellung setzt am Abend zögernd der Regen ein. <u>Kühl</u>.

14. März
Feuchte Nordseeluft bestimmt seit gestern unser Wetter. Immer wieder Schauer und zum Teil länger anhaltender, sachter Regen. Mit dem Auto ins Städtle und zum Mittagessen gefahren. Warten auf Ankunft von Tante Claudia: Die Christel will sie um halb 3 Uhr von Talheim rüberchauffieren. Es wird fast 15 Uhr, bis sie eintreffen.

Sonntag, 15. März
Es ist recht <u>kühl</u>. Der Nachmittag vergeht (8–10°C) in der Küche. Tonbandaufnahmen von »Der Rede wert«, Sendung für Sonntag um 22 Uhr.
Den Gottesdienst, der vom Pfaffenhofener Pfarrer i.R. gehalten wird, hab ich am Vormittag besucht. Zeitungsausschnitte.

16. März
Trüber Tag. Zur Chorprobe rechtzeitig eingetroffen. Bei Heimfahrt noch Helga H. in ihrem Büro in der Grabenstraße »aufgestöbert«. Lange die Fußballszene bei Marianne studiert.

17. März
Ein Tag wie der andere: kaum über 10°C. Trüb und trotzdem kein Regen. Im Wohnzimmer hat es nur noch 14°C. Beim Hu-

101

zele (wo ich die Pflanzenbestimmungsbücher mitnehme ...)
ganz zufällig den Karl S. getroffen, der mich darauf hinweist,
daß ich nicht auf seiner Liste stehe. Italienisch-Arbeitsbü-
cher bei Hilde <u>bestellt</u>. Eklat bei Zahlung von »Was blüht
denn da?«. Mit Gerhard S. telefoniert.

18. März

Nochmals von Marianne aus gleich in das Städtle zum Huzele: Steh vor verschlossener Ladentüre. Mittwochnachmit-
tag geschlossen. Bis um 14 Uhr bei Marianne geblieben.
Diese bekommt Besuch, der auch kurz nach 14 Uhr eintrifft.
Eingekauft bei LIDL. Fahrrad bleibt in Färbergasse stehen.
Nur noch <u>7°C</u>.
Nochmals Briefe nach Charnay weggeschickt.
Vormittags vergebliche <u>Suche</u> nach Zettel: Wasserver-
brauch. Klatschmohn pikiert. Pünktlich 18 Uhr 30 zum Spa-
nischkurs und ebenfalls pünktlich um 20 Uhr in die Heilbronner Straße 40. Wieder wär es fast zum Eklat gekommen mit
der Gertrud, als ich auf die Unterscheidung ne ... que und
ne ... plus im fortlaufenden Text hinweise.
Schon um 6 Uhr ist erste Morgendämmerung zu registrie-
ren. Erst nach 19 Uhr wird es schließlich dunkel.

19. März

Schönwetterlage. Wenn Sonne nicht wärmen würde, wär
es noch kälter als gestern. Marianne hat wieder Spülmaschine in Betrieb. Es kommt kurz zum Eklat. Fast 100 DM
bei Huzele gebraucht für weiteres Buch »Was blüht denn
da?«. Bei Reinhold wieder für 10 DM Äpfel mitgenommen.

Reinhold hat im Hof Auto stehen: PL (Polen). Friedbert K. ist nicht mehr wohnhaft in der Schloßstraße. (Irene sagt mir: Er wohnt in der Stockheimer Straße.) Sachen im Städtle erledigt. Fahrt in den Götzenberg.

20. März

Erstaunlich, die früh (6 Uhr) schon sich einstellende Morgendämmerung. Auch an einem insgesamt überzogenen Tag, der hell mit Sonne anfängt, die aber schon nach 10 Uhr wolkenbedecktem Himmel weichen muß. Aufheiterung um die Mittagszeit. Ab 10 Uhr 20 bin ich aus dem Haus: weil es schön abgetrocknet ist. Pikier- und Felgaktion im Götzenberg bis 14 Uhr 30. Kalt: kaum 5°C. In den sonnigen Phasen spürt man die Kaltluft gar nicht mehr so aufdringlich. Felgen im Götzenberg gelingt wunderbar leicht. Frühlingsanfang. Von der Clivia ist die erste Blüte des Blütenstands aufgeblüht – hat sich geöffnet (zur Erinnerung: Weihnachtskaktus hat schon nach Weihnachten mit lang über Wochen sich erstreckender Blütdauer Furore gemacht). Brüderle: Blödsinnsbeschlüsse seien mit der FDP nicht zu machen.

21. März

In Tagesschau wird an den 21. März 1913 erinnert: die Abfahrt von Albert Schweitzer und Frau nach Lambarene. »Petit jour« schon beim Aufstehen um 5 Uhr 50. Helles Tageslicht schon wenige Minuten nach 6 Uhr (kaum Viertel nach 6 Uhr). Zum Konfirmand Andreas K. mein Geschenkle (»Was blüht denn da?«) gebracht, weil eine bezaubernd schöne Frühlingssonne den Tag bestimmt. In Brackenheim ist mir aufgefallen: wenig Fensterläden alten Stils übriggeblieben. Beide B.s sind auf Trottoir und winken nach. Helmut und Irene sind mit Tante Claudia nach Bad Wimpfen. Auf Heimweg Erika, geb. S., auf Heimweg beim Einsteigen in Auto mit der Aufschrift S (Autoschild) begrüßt. Serviette de professeur im Götzenberg vergessen, muß nochmals runter.

Die Spritzung gegen Kräuselkrankheit durch Gunter B. mit Spritzbütten mitgekriegt (Zufall!). Am Abend noch – das sonnige Wetter und die Trockenheit des Bodens nutzend – den Hausgarten vollends rumgeschort (vorher »Scharbollen« zerhackt mit Felghaue).

Sonntag, 22. März

Nachtfrost und wundervoller Sonnenaufgang. Den ganzen Sonntag sollte es sonnig bleiben. Wunder von Frühlingssonntagmorgen (malgré le froid du dehors). Kein Gottesdienstbesuch. Am Nachmittag ab 13 Uhr erklärt mir Andrea über zwei Stunden lang die Vokabeln auf Übungszettel. On en a profité réciproquement. Auf Heimfahrt nochmals im Götzenberg letzten Rest des gesammelten Regenwassers vergossen. Heimweg über den Forst: Herr P. geht auch spazieren; ich überrede ihn mitzugehen auf'm Forstweg. Wengert von Manfred S. als einziger in der Runde noch nicht geschnitten.

Regentonne, so gut es geht, geleert. Teppich von Veilchen in Blüte auf »Wiese«, am unteren Abschnitt <u>links</u> den »Forstweg« säumend. Überrascht von Baulandumlegung Dürrenzimmern westlich vom Wasserreservoir.

23. März

Weil Morgengrauen schon stark durch die Rolläden und Fenster dringt, wach ich auf – obwohl es gestern 23 Uhr 30 wurde, bis endlich die Lichter ausgeschaltet wurden (hab noch »Der Rede wert« gehört). Es trübt sich schnell ein und es fängt schon in der Nacht zu regnen an. Leichter Regen hält durch bis zum frühen Nachmittag. Dabei ist's kalt, kaum über 6°C am Nachmittag. Der Michaelsberg hat eine weiße Haube aufgesetzt, der Strombergwald ist von einer bestimmten Höhe ab: winterlich.

Schneiden der Kammerz bei Marianne fast aussichtsloses Unterfangen. Kurz nach 14 Uhr geb ich dies Vorhaben auf. (Hab abgewartet, bis die Marianne die Tante Hanna geholt hat.)

Die Affenkälte kann mich nicht davon abhalten, mit dem Fahrrad zur Chorprobe im Knipfelesweg zu fahren.

Marianne erzählt beim Mittagessen (Metzelsuppe und Kesselfleisch?), daß die Tante Rösle am Sonntag gestorben ist.

24. März

Leuchtender Sonnenaufgang schon kurz nach 6 Uhr. Trotz ziemlich kaltem Nordostwind wird's heute wärmer, weil den ganzen Tag die Sonne ~~scheint~~ uns treu bleibt. War's am Morgen diesen Dienstags winterlich gefroren, so sollte es in der Nacht zum 25. März nochmals so werden.

Nach dem Mittagessen heute in die Färbergasse gefahren, dort mein Fahrrad hingestellt.

Mit Irene verhandelt wegen Kranz. Vorschlag, Geld zu geben, für gut empfunden.

Zur Stockheimer Straße 37 (zum zweiten Mal) treff ich diesmal <u>Magdalene</u> mit ihrer Schwägerin aus Zaberfeld. Kurz
dauert mein Besuch. 50 Mark für Blumen übergeben. Was
war sonst noch?

25. März

Wieder strahlender Tag, aber immer noch kalt (und unter
der Sonne angenehm). Ab 14 Uhr Betriebsbesichtigung in
Güglingen bei der Firma W. Hydraulik. Kurz vor 17 Uhr kommen wir vom Konferenzsaal raus, dort, wo es Butterbrezeln
und Getränke gab und anhand des Episkops die wichtigsten
Daten über die seitherige Entwicklung und den derzeitigen
Firmenstand von Herrn W. (Juniorchef, Sohn des Firmen-
gründers) uns vorgeführt wurden.
Ein Herr B. (?) saß immer mit dabei. Auch bei der Betriebsbesichtigung im Ablauf des frühlingssonnenhaften Nachmittags waren immer diese zwei Herren »mit von der Partie«.
Wolf, Hans S. und Helga H. waren zum Treffen bei Hydrau-
lik-W. nicht »aufgetaucht«.

26. März

Erneut ein vorfrühlingshafter Tag des Sonnenscheins. <u>Früh</u>
sollte heute das Mittagessen stattfinden: Um halb 2 (13 Uhr
30) ist die Beerdigung von Tante Rösle. Lange haben heute
die Glocken zum Beerdigungsgottesdienst gemahnt: »Die
Schwarzwälder« waren einfach noch nirgends festzustellen.
Am Nachmittag erzählt mir <u>Anna</u>, in welche große Aufent-
halte sie durch den Stau hineingeraten waren. Nach der Beerdigung hatte sich eine große Schar um das fast neu her-

ausgeputzte Gemeindehaus eingefunden. (Gustav D. mit Lotte und Gottfried S. mit seiner Hanna waren zu sehen.) Wein geholt in Winzergenossenschaft.

27. März

Am frühen Morgen ist die Sonne noch vorherrschend. Fortschreitende Eintrübungen.

Bei der Kreissparkasse noch Geld (1000 Mark Scheine) gewechselt. Schon kurz nach 11 Uhr Aufbruch zum Mittagessen bei Marianne. Die bringt mich auch zum Bürgerzentrum. Wir kamen zur Abfahrt um 13 Uhr nach Charnay-lès-Mâcon fast pünktlich. Doch auf den Bus war noch gut eine viertel Stunde zu warten.

Ernesti fährt uns. Endlich halb 2 Abfahrt: über das Zabergäu und Bretten zur Autobahnauffahrt Karlsruhe-Durlach. Kurze Rast südlich von Freiburg. Zweiter großer Halt westlich von Besançon. Ankunft (fast pünktlich) gegen 21 Uhr: Denise ist auch bei der Begrüßung. (H.s seh ich.) Abend vergeht vollends beim Plaudern und dem gleichzeitigen Abendessen bei Lucienne und Rocher P.

28. März

Wunderbarer Sonnenschein. Sehr mild. Wir gehen zum Markt in Mâcon, wo sich noch andere Brackenheimer mit ihren Gastgebern eingefunden haben. Statt mitzufahren nach Chalons-sur-Saône machen wir 'ne Landpartie: Mittagessen auf dem Land. Kurzer Ausflug in den nahen Wald. Die Angler könnten sich kein besseres Wetter ausgesucht haben.

Zum Schläfle reicht es mir noch 'ne halbe Stunde, denn schon um 20 Uhr ist Roger zum Kommen in den Salle des fêtes angehalten. Wir müssen allerdings noch fast 'ne halbe Stunde dort warten, bis die Ballbesucher in größerer Anzahl eintreffen. Frau B. hat am Nachbartisch mit ihren französischen Freunden und mit den E.s Platz gefunden.

Sonntag, 29. März

Trotzdem in der Nacht auf Sommerzeit umgestellt wurde, wird's nicht viel später als 2 Uhr, bis wir zum Heimgehen aufbrechen. Mit Roger noch 'n Bummel durch Außenbezirke von Charnay (vorher ausgiebig Kaffee getrunken und das »Erdbeergsälz« gerühmt). Einen schönen Platz haben wir in der Festhalle, wo ab 13 Uhr nach vorheriger Weinprobe das gemeinsame Mittagessen stattfindet. Schon um 4 Uhr (Sommerzeit) ist der Bus wieder abgefahren: Richtung Chalons-sur-Sâone. Der Bus der italienischen Freunde ist 'n gut Stück vor uns hergefahren. Eine herrliche Sonne begleitet uns auf unserer Heimfahrt. Zweimal ist Pause (das zweite Mal bereits rechtsrheinisch unweit von Freiburg). Michi hat noch Reichert-Brot und Wurst zu verteilen (wie auf der Hinfahrt beim zweiten Halt!). Ankunft im Kulturzentrum um 23 Uhr. Mit K.s darf ich nach Dürrenzimmern fahren. Eine der Töchter von Familie K. chauffiert mich bis in das Höfle.

30. März

Die Tochter K. sagte was von 25°C ... Wetter bleibt noch schön und frühsommerlich warm. Sofort weich ich morgens die Weiden wieder ein. Im Götzenberg nochmals gegossen.

108

Am Abend nochmals zur Chorprobe in das Altenheim (Knipfelesweg) gefahren. Jetzt kann man die Hinfahrt noch in der Abenddämmerung bewältigen.

31. März

Die eingeweichten Weiden wieder rausgeholt. Mit Auto zum Biegen in den Haberschlacht gefahren. Große Ernüchterung: Jede Weide bricht; die einen gleich vorn. Hinten, wo sie dünn sind, ist kein »Klank« mehr durchzuführen, ohne daß das dünne Weidenende bricht. Deshalb geh ich am Nachmittag schon gar nicht wieder zum Biegen. Aber das Gießen (mit zweimaligem Wassertragen) im Götzenberg muß durchgeführt werden. Nachbarin R. meint, ich hätt 'n größeres Regendach einrichten sollen, wenn ich bei den bestehenden 2 m x 2 m schon jetzt zum Wassertragen vom Bach gezwungen bin. Hans N. mit Gattin bei Gartenarbeiten. Er holt mir »Klemmerle«, als ich ihm vom Mißlingen des Biegens der Weiden am Vormittag erzähle. Am Abend noch längeres Schwätzle mit Nachbarin Beppo R. Nachtrag: Bis 15 Uhr bei Marianne verweilt. VORLO kommt um 14 Uhr, als ich mich gerade zum Sprudelholen aufmachen will (diesmal »Ensinger« genommen). Um 14 Uhr 30 ist bei Helmut niemand mehr zu Hause. Auch bei Isolde reagiert niemand aufs Klingeln, obwohl das Auto in der Garage steht.
Nachtrag: Tante Claudia um 17 Uhr am Telefon. Ich sag ihr, daß ich noch in den Wengert will. Sie weiß, daß sie von mir DM 200 erhalten hat seit der Rückkehr vom Ausflug.
Nachtrag: In den frühlingshaft milden Endmärztagen sind die »Osterglocken« vollends aufgeblüht und strahlen seit

Dienstag, 31. März, im »goldenen« Blütenglanz. In den Vorgärten der Dürrenzimmerner Bauernhäuser sind die Blüten der Fritillaria imperialis prächtig entfaltet. Bei Marianne ist der Forsythienbusch voll rausgekommen. Auf der Nachbarwiese trägt der Kirschbaum seinen weißen Glanz zur Schau. Mit dem vorletzten und letzten Märztag hat der Pfirsich am Hang des Lärmschutzwalls die volle Blütenpracht entfaltet; im Götzenberg ist die Pflaume über und über mit den weißen Blüten rausgekommen.

1. April

Fortschreitende Eintrübung, aber Regen macht sich trotzdem zum seltenen »Gast«. So kann ich, den Abend nützend, bis zur verstärkt sich einstellenden Abenddämmerung (also bis später als 20 Uhr Sommerzeit → l'heure d'été) nutzen, um den Fund meiner Ausfahrt auf Wiesensuche unterhalb vom ehemaligen S.-Garten zum Forstbächle auszunützen und ihn gleichsam Ende des Vormittags, also am Donnerstag, 2. April, gleich »einzusetzen«: Mit Fahrrad in den Haberschlacht; Klammern vom Lammwirt »aufgebraucht«. Auf Heimfahrt Helmut im <u>Hüpfpfad</u> entdeckt.

2. April

Ein herrlich friedlicher Frühlingsmorgen wie schon gestern vormittag, wo die »Klemmerle« von Hans ausprobiert und völlig »verschafft« worden sind. Die gestern geschnittenen Weiden reichen fast für alle übriggebliebenen Schwarzrieslingstöcke und für die wenigen unterhalb sich anreihenden Portugieserstöcke. (Schade, daß nochmals eine Fahrt in den Haberschlacht nötig sein wird – auch um die Rutenenden in den Portugiesern, die mehr als ein Auge unter die Klammern rausragen, abzuschneiden, die Schenkel dieser Stöcke, wo möglich, miteinander zu verbinden und die abgehenden Bodenzäpfle anzuheften (mit Weiden).)

Nachmittag gehört dem Italienischstudium. Wo sind die Corso Italia Lernbücher? Die können doch nicht spurlos weg ... sein! Hab sie im Flur auf Sprudelkasten gelegt.

Noch vor 19 Uhr fällt ein gewittriger Schauerregen von ach zu kurzer Ausgiebigkeit. Immerhin werden die Regentonnen am Garagenein- und -ausgang zu zwei Drittel gefüllt. Schirm in Heilbronner Straße 40 gelassen.

3. April

Noch am Vormittag ins Städtle zur Rathauspforte gefahren, um Auskunft über Bezahlung von 108 DM VHS-Gebühren zu erhalten und zögernden Vorstoß über Teilnahme nach Castagnole noch zu riskieren.

Es hat den Anschein, als ob's heute mehr regnen würde als in der weiterhin sternklaren ersten Nachthälfte. Es bleibt bei einigen Tropfen, die kaum die Klappen der Dachrinnen zum Tropfen aufschaukeln. Gerade als ich zur Fahrradinspektionsfahrt übers Brackenheimer Auskunftsbüro nach Botenheim aufbreche, wird das tropfenweise Zögern zum leichten, doch auch jetzt recht zögernden kurzen Dauerregen. Über Meimsheim erreich ich gegen dreiviertel 12 Uhr die Hausener Straße 38. Frühes Eintreffen wird genutzt, um weiteren Kasten mit leeren Sprudelflaschen gegen solchen mit vollen auszutauschen.

Wo ist das Handwörterbuch Französisch – Deutsch? Hab's gestern auf den fensternahen Nachttisch gelegt.

Der Nachmittag zeigt keine Neigung, den leichten Regen vom Vormittag »weiterzutreiben«. Der leichte Dauerwind aus Südwest und die fast durchtretende Sonne lassen die Äcker und Gärten schnell abtrocknen.

Warte möglichst lange, die vorgestern im Badezimmer eingeweichten alten Weiden aus dem Wasser zu nehmen, um den länger gewordenen Abend zu nutzen fürs Fertigwerden im Haberschlacht. Beim Wegfahren sieht man den westlichen Stromberg und die Rebhänge zwischen Stocksberg und Zweifelberg unter gewitterartigen kurzdauernden Schauerregen tauchen.

Schon beim Aussteigen im Wengert ist der kurze Spaß vorbei und man braucht weiterhin keine Befürchtung des »Verdabbens« aufrechterhalten ... Wie soll ich aber trotz meiner mitgebrachten Einweichweiden anfangen, wenn's Wengertscherle noch zu Hause rumliegt? Überzählige Fahrt nötig. Wengertscherle liegt noch auf dem Mülleimer von Bettina. Weil es nur noch ganz wenige Stöcke waren, reicht auch der bleibende Tag, die Arbeit zum zufriedenstellenden Ende zu bringen. Auch die ab Mittwochvormittag mit Stein unter Wasser gedrückten Helmut-Weiden liefern noch ausreichend viele, die ohne zu zerbrechen erfolgreich eingesetzt werden können.

Auffallend ist die bis 20 Uhr 30 ausharrende Abenddämmerung (auch am wolkenbedeckten Freitagabend nach dem Gewitter-Schauerregen). Ab wann hat sich der Tag am Tagesbeginn durchgesetzt?

4. April

Der Tagesverlauf für den milden, frühlingshaften Samstag, an dem ich die Nacharbeitung für die bisher besuchten drei Kurzabende Italienisch mit Andrea durchführe, ist auf der Tagesspalte 4. April des KSK-Vormerks festgehalten.

Es ist bloß noch nachzutragen: Mit dem Anhängen im »Haberschlacht« bin ich fertig geworden, trotz des Gewitterregens, der gerade zu dem Zeitpunkt einsetzte, als ich in den Haberschlacht um 18 Uhr losfahren wollte. Es hat offenbar zu früh wieder aufgehört, denn im Haberschlacht angelangt, war alles vorbei und der Boden war noch lange nicht durchdringend durchfeuchtet; kaum, daß man viel Erde von den Schuhen abzumachen hatte.

Sonntag, 5. April

Auch der Sonntag wartete am Vormittag noch mit Schauerneigung auf. Strahlende Sonne setzte sich aber zunehmend durch und zu der auf 17 Uhr 30 anberaumten (im Bandhaus übrigens) Ehemaligenzusammenkunft kam ich als Letzter. Ärger mit Telefon für Margret.

6. April

Der strahlende Aprilmontag vom Vormittag hält bis nach dem Mittagessen (zu dem ich erst 12 Uhr 40 bei Marianne aufkreuze!) vor.

Die Fernsicht war schon seit Freitag ohne Fehl. Heut nütze ich sie zu einem Radausflug zum Michaelsberg über Brakkenheim, Botenheim und die Botenheimer Heide, wo ich vom rasch aufziehenden Schauerregen überrascht beim

Grill (<u>unter</u> dem Grill) in der Nähe des Naturfreundehauses Unterschlupf gefunden habe. Weil der Regen nochmals kurz und kräftig eingesetzt hat, als die <u>Sonne</u> schon wieder das Kommando übernommen hatte, kam es zur Ausbildung eines wu<u>nd</u>ervoll<u>en</u> (tieferen, kleineren) Regenbogens über Botenheim und Meimsheim. Der lebhafte Südwestwind, der mir schon über den ganzen sonnigen Tag aufgefallen ist, scheint nach dem (Gewitter-)Regen etwas abgeflaut zu sein. Die Fernsicht ist aber gut genug, um am westlichen Horizont ab Westende vom Strombergzug die Pfälzer Berge mit zunehmender Deutlichkeit auszumachen. Die Vergnügungsbahn in Tripsdrill und das Pilzkarussell laufen auf »Volldampf«. Zur Heimfahrt über Bönnigheim: Bellevue, den Wind im Rücken.

Feucht ist es noch beim Felgen (ab 16 Uhr) im Götzenberg. Aber es hat seine Vorzüge: Die Bollen lassen sich <u>leichter</u> »bearbeiten«. Zur Passionsandacht findet sich der größte Teil des Chors schon 18:<u>25</u> Uhr auf der Orgelempore ein.

Die <u>Ringlo</u>blüte und Frühkirschblüte sind auf dem Höhepunkt angelangt. Ganz großartig ist die Olivia aufgeblüht. Es scheint zu kühl, um viele Bienen zum Ausflug zu reizen und für den Dienstag, 7. April, sollte es zur Mittagsstunde noch nicht mal 11°C haben.

7. April
13 Uhr. Seit der Frühdämmerung ist ein gleichmäßiges Regnen fürs Füllen der <u>Tonne</u> verantwortlich. Die Mirabellenblüten beginnen sich während des kühlen Dauerregens zunehmend zu öffnen: 11°C um 14 Uhr. Um 15 Uhr hellt sich

aber der Himmel von Westen her auf und es hört bald ganz auf zu regnen. Am Abend um 18 Uhr 30 fahr ich noch in den Götzenberg, zu sehen, wie voll die Regentonne geworden ist (war da tatsächlich der irrigen Meinung, sie würde schon überlaufen). Große Enttäuschung: Sie ist auch nicht viel »voller« als gestern abend. Es muß noch viel Regen niedergehen, bis die große Regentonne ganz voll ist. Heute ist es angeraten, schon kurz nach 20 Uhr den Lichtschalter zu drücken.

Frühbirnen im Götzenberg auch seit Mitte letzter Woche im Aufblühen begriffen. Seit Sonntag, 5. April, in voller Blüte. Zwetschgen am Hauseingang fast voll aufgeblüht. Im Götzenberg blühen sie noch nicht; dort dafür die Pflaumen schon seit dem 3. April, wo auch die Forsythie in Mariannes Vorgarten aufgeblüht ist (völlig gelb, belebt der Busch die Gartenzaunflora). Wenn nicht so viele ausgedehnte Wolkenbereiche den blauen Himmel zurückdrängen würden → heute nacht wär ganz gewiß mit Nachtfrost zu rechnen.

8. April

Treff auf Emil V. auf Spaziergang von der Kreuzung her zum »rond-point«. Weil ich vom Mittagessen bei Marianne heimfahre, steig ich ab und lauf mit Emil zurück nach Dürrenzimmern. Seine Frau Hannelore hat Dinge zu erledigen im Städtle. Ich geh mit ihm in seine Wohnung. Er schenkt mir Sprudel ein. Hannelore kommt zurück, gerade als ich nach Tischgespräch vollends heimgehen will. Sie kommt gar nicht erst herein. Warum? Weiß ich nicht gleich.

9. April

Brief nach Charnay beansprucht meine Zeit und volle Aufmerksamkeit am hellen Vormittag und während des mehr und mehr sich eintrübenden größten Teils des Nachmittags. Bis 17 Uhr schaffe ich es nicht, ihn zur Post zu bringen. Es sollte noch bis 22 Uhr dauern, bis er fertig wird.

Karfreitag, 10. April

Schon um 9 Uhr in der Kirche. Kirchenchor singt zum Gottesdienst, den Dr. D. hält. Nach der Kirche gehe ich mit Mary und Albrecht S. nach Hause. Mittagessen bei Marianne. Reiner mit Familie kommt dazu. Mit <u>Albrecht</u> verabredet: Radausflug ab 14 Uhr. Albrecht holt mich ab. Es ist kühl, wenig Sonne. <u>Höre</u>: Matthäus-Passion.

11. April

Es wird am Nachmittag sogar sonnig, bleibt aber kühl. Im Götzenberg ist's so weit abgetrocknet, daß Felgen am Abend (Ostersamstag) möglich ist. Nachbarin R. felgt auch.

Ostern, 12. April

Bin bei Helmut und Irene eingeladen zum Mittagessen. Besuch bei Tante Hanna nach der »Kirche«. Nachmittag mit Zeitungsausschnitten rumgegangen; gegen Abend kommt sogar die Sonne durch. Sie ist bis zum fortgeschrittenen Nachmittag hinter der Wolkendecke verborgen gewesen. Kühl. Heut nacht gibt's Abkühlung bis 0°C.

Längeres Telefongespräch mit Waltraud in <u>Soissons</u> ab 20 Uhr 30 (?). »Der Rede wert«.

Ostermontag. <u>Essen</u> wie gewohnt bei Marianne <u>gerichtet</u>. Sonnige Abschnitte überwiegen den kühlen Tag über. Weil die Schauer immer mal wieder was fallen lassen, füllt sich die große Regentonne unter dem Regenauffangdach im Götzenberg. Tag war recht zum Abschreiben des Bands mit der gestrigen Sendung: »Der Rede wert«.

14. April

Dienstag. Kaum 10°C. Temperaturen die letzten Tage kaum auf 12°C steigend. Recht kühl bleibt es auch während des teilweise sonnigen Nachmittags. Nütze den von der Helligkeit her mehr an Winter erinnernden Tag, um ab 16 Uhr den Recyclinghof mit meinen sich angesammelt habenden Abfällen zu »beglücken«. Das Gelände im Götzenberg wieder ausreichend oberflächlich abgetrocknet. Auf Heimfahrt vom Recyclinghof noch eine Stunde lang gefelgt. Sonnenschein am Abend.

15. April

<u>Trübe</u> Sicht läßt die Sonne nicht sichtbar werden. Immerhin steigt heut die Mittagstemperatur auf 11°C. Nütze trüben, kühlen Tag für weitere Heilbronner Stimme-<u>Ausschnitte</u>. Da geht <u>auch</u> unverhofft viel Zeit weg. Ebenso bei der Vorbereitung meiner Französisch-Seiten; Emile Zola: »Germinal«.

16. April

Donnerstag. Es ist kühl. Aber am Abend war doch der Boden abgetrocknet. Das Felgen kaum noch gelungen. Zinnien im Kasten im Blumentopf. Turbatius manus res facta.

17. April
Nur 12°C bis zum frühen Nachmittag. Am Abend scheint es kaum kühler zu sein: Der kurze Regen um 15 Uhr hat die grundsätzliche Möglichkeit, Boden mit Felge zu bearbeiten, gar nicht beeinträchtigt. Herbstblumen (Aster) im Götzenberg.

18. April
Sehr kühl am frühen Morgen. Blumen vom Götzenberg für 'n Friedhof: Gelbveigel.

Sonntag, 19. April
Sehr anhaltender Regen am Vormittag; Aufhellung gegen Abend. Sauerkirsche jetzt voll in Blüte, Ringlo und Mirabellen werfen Blütenblätter ab. Ob die <u>wohl</u> bestäubt sind? Ob Süßkirsche wohl »ansetzt«? Bei Marianne bleibt alles »wie 'n Schneeball«.

Weil wieder Taufgottesdienst ist und weil es regnet, gehe ich nicht in die »Kirche« (Predigt: Pfarrer E.). Marianne ruft morgens an. Gestern am Abend, als schon das Konzert in Baden-Baden angefangen hatte (um 19 Uhr), hat Frau B. noch angerufen. Wir verbleiben: Sie ruft heut morgen nochmals an, wenn man absehen kann, wie das Wetter wird.

Diskrepanz: Blütenmeer einerseits: Tulpen, Narzissen, <u>Apfelbäume</u>, Traubenhyazinthen, Kaiserkronen. Blütenpolster in Blau, Gelb, Weiß, Violett, Birnenblüte voll! Andererseits: Temperaturen kaum über 10°C am Nachmittag, als »eisig« empfundener Wind.

20. April

Ein frühlingshafter Sonnenvormittag nach <u>selten</u> schönem Sonnenaufgang läßt kühle Temperaturen auch <u>bald</u> milder werden. <u>Frustration.</u> Die Cosmea-Samen such ich und finde nichts mehr. <u>Nochmals</u> Enttäuschung: Wo ist <u>bloß</u> der LIDL-Karton?

Finde den Karton. Er dient mir zum Wegtragen der Schlüsselblumenstöcke, die ich aus der »Haselgrube« beim Sauerkirschbaum ausgrabe. Will heut endlich das Reisig-Gehäcksel in die Grube schaffen. Es gelingt mir auch, den größten Teil dort unterzubringen.

Am Nachmittag um 14 Uhr 30 (Sonne ist noch treu!) Suche nach der Bibel, Altes Testament und Neues Testament in Taschenbuchformat auf Französisch. Finde nichts mehr. Marianne holt die Wäsche und bringt die saubere. Am Abend: zunehmende Eintrübung. Während der Chorprobe hat es ein bißchen geregnet (vorsorgend hab ich 'n Regenschirm beim Aufbruch zur Chorprobe mitgenommen).

Als ich um 22 Uhr 25 an der VB Dürrenzimmern vorbeikomme: noch 12°C abzulesen.

21. April

»Denkpause«: Origenes suchte bündige Antwort auf Frage nach der Seele. Geisteswesen, die sich in Seelen verwandeln. Sorge um die Seele soll uns an unseren Ursprung erinnern. Alle Wesen sollten den Weg zurück finden durch Jesus Christus. Theologie verdaute Theorie von Origenes. Bogotá nach Ecuador. Flugzeugunglück der Air France. Boeing 27. Temperatur auf 13–18°C in den Tälern.

Obwohl die Sonne sich erst gegen Abend häufiger zeigte, ist's doch wieder seit Sonntag ganz schön abgetrocknet. Mag daran die höher kletternde Nachmittagstemperatur schuld sein? Auf jeden Fall muß in der Nacht mit kräftiger Abkühlung gerechnet werden, wenn die Bedeckung so bleibt wie heut. Zur Beerdigung von Frau Ernst S. (Emma, geb. B.) singt der Kirchenchor. Geh auf'm Heimweg bei Reinhold und Marliese vorbei. Verena hat Abi-Englisch (schriftlich) gehabt.

22. April

5 Uhr 50 (4 Uhr 50). Morgendämmerung wird deutlicher und deutlicher. »Denkpause«. Stimmungen und Seele gehören zusammen. Eichendorff: Geflügelte Seele. Unterschied: Dichter und Philosophen. Wetterbericht um 6 Uhr: Zunehmend trockene, aber milde Luft bestimmt das Wetter. Zwischen 6 und 6 Uhr 30 (5 und 5 Uhr 30 Winterzeit) hat die Helligkeit so stark zugenommen, daß man die Lampe auf'm Schreibtisch ausschalten kann. Allerdings hat sich der gestern früh bedeckte Himmel zunehmend aufgelöst. »Geistliches Wort«: Wer gläubig ist, verdrängt die Wirklichkeit. Glauben → Vertrauen. Glaube und Realismus schließen sich nicht aus.

Lesen: Anthroposophie-Buch von Vera Pierott. Es sollte mal wieder ein warmer Frühlingstag mit fast ungetrübter Sonne werden. Im Götzenberg war das Zerschneiden des Drahtgeflechts mit Zange von Günter B. möglich. Grad gut, daß ich um 12 Uhr 30 noch WLZ vergeblich (halb 1 bis halb 2 Uhr Mittagspause) aufgesucht habe.

Am Abend noch das Geschorte durchgefelgt. Sauerkirsche noch nicht verblüht – ob es wohl noch ansetzt? Einige Bienen sind heut sicher geflogen. Auch stehen die Apfelbäume hinter'm Haus voll in Blüte (ab heute!). Erst (glockenheller Abend) um dreiviertel 8 Uhr (Winterzeit) ist man gezwungen, Licht einzuschalten.

23. April

Helligkeit schon deutlich zugenommen um 4 Uhr 50 (alter Zeit). Amseln pfeifen ganz stark.

Heller und schnell an Temperatur zunehmender Vormittag vergeht im Götzenberg beim Aufstellen der Drahtgatter und der Aussaat der Wicken (dabei mußten Klatschmohn und der Gretel ein Busch versetzt, die Samen der Wicken vorher in WLZ geholt werden). Nach Aussaat noch 'n bißle gefelgt. S.s Gretel kommt rauf. Sie bestaunt ihren Kirschbaum, der jetzt in voller Blüte steht. Gretel B. hat es auf meinen Nußbaum abgesehen, der vor nur drei Jahren aus Samen aufgegangen ist. Gelbe Tulpen eine Pracht!

Am Nachmittag nochmals beim Felgen im Götzenberg, auch nach dem Italienisch-Kurs am Abend. Bis es um halb 9 (20 Uhr 30) stark dämmrig wird: Gießen im Götzenberg.

24. April

Schon 5 Uhr 45 ist die Morgendämmerung deutlich im Kommen. Um 6 Uhr 25 ist auch schon die Sonne aufgegangen. Doch der Himmel überzieht sich: vom dunkel gewordenen Westhorizont her. Zum Regnen wird's aber nicht kommen? 7 Uhr 15: Wind kommt auf.

Der Öhringer Blutstreifling hat seine Blütenpracht entfaltet. Ob heut wohl mehr Bienen geflogen sind? Regnen sollte es kurzfristig gegen 9 Uhr. Immerhin ist das Pflaster naß geworden und die Dachrinne (Baumstückseite) hat leicht zu plätschern angefangen. Nach zehn Minuten ist alles vorüber und im Tagesverlauf sollte es sich zusehends aufhellen. Sogar die Sonne kommt bis zum Mittag wieder »raus«. Mit Einbruch der Abenddämmerung gegen 20 Uhr zeigt das Volksbank-Thermometer immerhin noch 17°C.

25. April

8 Uhr. Suche nach dem dicken Spiralheft, wo »Germinal« auf der Titelseite steht. Nach 20 Minuten vergeblicher Suche aufgegeben. Erst vor kurzem in der Hand gehabt. Heldensoprane. Der Tenor steht im Mittelpunkt des Opern-Geschehens. Früher waren es die Kastraten: phantastisches Auftreten. Am Abend in der Blumenstraße bei Reiner und Barbara Zeitungen geholt: Sie sitzen auf der Terrasse. K.s (Physiker) und Friedrich mit Ester F. und Tochter. Alle, die in den Pfingstferien nach Sardinien zu fahren sich vorgenommen haben. In der Abenddämmerung noch in den Götzenberg wegen der roten Käfer, die die Blätter der Madonnen-Lilien zerfressen. Eklat mit Spaziergänger Kurt S.

Sonntag, 26. April

Sonntagmorgen mit bedecktem Himmel, 7 Uhr. Leichter Regen setzt ein. Er sollte sich etwas stärker noch durchsetzen und für die drei Stunden, die kommen, ununterbrochen weitermachen. Das Faß am Garageneingang wird voll, auch 's

Fäßle am Garagenausgang wird voll. Am Mittag hat's aufgehört. Immerhin hat er mich vom Kirchgang, vom Festgot-
tesdienst (Prälat K.) zur Gemeindehaus-Renovierung, abgehalten. Bleib beim Versuch, Tonband vom Gottesdienst
zum 8. Oktober (95?) abzuhören, um Band freizuhalten für
Aufnahme der 12 Uhr 05-Sendung »Glaubensfragen«. Der
hellere, fast sonnige Nachmittag wird durch weitere Ton-
bandarbeit und gegen Abend durch <u>Suchen</u> verbracht. <u>Wie
viel</u> Anstrengung um Brief an SWR2-Stuttgart für Manu-
skripte einer »Eckpunkt«-Sendung.
16°C um 12 Uhr 40, 20°C um 15 Uhr. Schon stark war die
Abenddämmerung gegen 20 Uhr 20 hereingebrochen, als
die Fahrt zum roten Käferablesen im Götzenberg zwingend
wurde. Unfall mit Verletzten, kaum 100 m Richtung Brackenheim (ab Ausmündung Weinstraße).

27. April

Heller, sonnendurchfluteter Frühlingsmorgen. Zwischen den
Maiblümle sind die ersten »Bärlauche« am Aufblühen.
Große Ernüchterung: Gekeimte Zinnia sind abgefressen
(aber nicht im Topf, nur im Kasten). → Hab so 'n gutes Gefühl
gehabt über »Kasten bei Nacht draußen lassen«. Vielleicht
geh'n noch 'n paar auf? Wollte noch zum Felgen gehen
und hab's doch nicht geschafft. Am Abend fängt es noch
mit leichtem Regen an. Am Nachmittag war's 'n Gewitterregen. Es donnert dabei. Auf'm Heimweg von der Chorprobe
(geh mit Albrecht bis zur Heuchelbergstr.) → andauernder,
sachter Regen. Von Albrecht erlaub ich mir einen Schirm zu
verlangen. Die Chorprobe ging bis über 10 Uhr hinaus.

28. April

Befriedigend ist das lange Durchschlafen bis zum Aufwachen zwecks Aufstehen. Um 6 Uhr 10 aufgewacht. Erst Milch bei Marianne holen. Es regnet wieder sehr sachte: Auto hilft. Erst um 7 Uhr 25 nochmals aufgewacht. Verabredung bei Marianne. 7 Uhr 45. Es ist recht frisch. Nehm das Auto. Zurückgekehrt, hab ich zunächst Durst nach Sprudel, dann Schlafbedürfnis. Schlafe noch bis 9 Uhr 20, muß dann aufs Frühstück verzichten, weil ich noch vor 10 Uhr eine Verabredung mit Andrea habe (Italienisch-Nachhilfe ... vom Thema der letzten Kursstunde am 23. April). Gut, daß es noch 'n bißle gedauert hat mit dem Wiederhinlegen – Marianne ruft an. Sie hat vergessen zu sagen: Wir sind eingeladen bei Barbara zum Mittagessen. Es war so gut wie keine Sonne zu sehen.

Auch am Nachmittag geizt die Sonne mit ihrem Besuch. Erst gegen Abend lichtet sich das Grau am Himmel. Allmählich kühl! Kaum 16°C.

29. April

Ganztägig bedeckt, kaum Regen. Nach 14 Uhr ist das Thermometer nicht über 16°C hinaufgeklettert. Zum Spritzen der Weinstöcke (Kammerz) ist die Witterung ungeeignet. So bleibt noch am fortgeschrittenen Nachmittag der Einkauf bei LIDL und TENGELMANN. Aussaat der wiedergefundenen COSMEA-Samen und der restlichen Wickensamen im Götzenberg. Nachhauseweg über die Heuchelbergstraße. Dort ist beim Schirmabliefern ein Schwatz mit Albrecht und seiner Lisa »drin« (unter der Haustüre).

30. April

Mit einem runden Sonnentag nimmt der April seinen Ab-
schied. Manches vorgehabt, wenig ist zur Durchführung
gekommen. Am Vormittag war's die Italienisch-Nachhilfe
bei Andrea, ab 9 Uhr 45. Am Nachmittag die Müdigkeit und
dann (später) das nochmalige Durchsehen der Abschnitte
im »Germinal« als Vorbereitung auf den Abend.

1. Mai

Kein trübes, aber auch kein ungetrübt sonniges Wetter. Um
9 Uhr 45 Abfahrt nach Botenheim; unterwegs treff ich Kurt
S., der auch mit dem Fahrrad dem Botenheimer Museum
zustrebt. Über Mittag bleibe ich drüben bis 14 Uhr und sogar noch fast 'ne Stunde länger, weil ich das Fräulein B. unter den Museumsbesuchern im Erdgeschoß treffe und ich
ihr die Küche mit dem eindrucksvollen Waffeleisen zeigen
muß. Auf dem Klavier neben dem völlig verstimmten Ham-
merklavier spielt sie 'ne Gavotte. Um 16 Uhr komm ich über
Meimsheim in die Weinstraße.

2. Mai

Es ist kühl geworden. Seit dem gestrigen Gewitterregen, bei
dem wir von Überschwemmungen verschont geblieben sind
(im Gegensatz zu Kellern in Weinsberg und im Bottwartal).
Noch ein Versuch, vorwärtszukommen bei der Nachlese
von »Germinal«. Weil das Wetter einigermaßen ordentlich
ist, kann Rolf, aus Bönnigheim kommend, den Rasen mä-
hen.

Sonntag, 3. Mai

Ein kühler, sehr trüber Tag, wo es trotzdem nicht zum Regnen kommt. Mit S.s (Mary hat Geburtstag) geh ich nach dem Gottesdienst und der Predigt vom Dekan zum Jugendhaus, wo ein junges Ehepaar Tee und Kaffee mitgebracht hat (mit ihrem Baby) zum Ausschank. Tagesverlauf. Aufklärung gegen Abend. Rapsfelder in herrlich gelber Blütenpracht.

4. Mai

Ganztägig bedeckter Himmel, der wieder gegen Abend recht aufklärt. Schon am Vormittag nach 11 Uhr ist's leicht sonnig; gut zum Felgen im Götzenberg. Regentonne hat sich angefüllt.

5. Mai

Nach »Korrigieren« von Isoldes Lesebögen (trübes Wetter erleichtert diese Arbeit) am Abend noch zum LIDL einkaufen und in den Götzenberg gefahren. Das Wetter sieht nach Regen aus, es regnet aber nur 'n paar Tropfen. Vielleicht kommt's in der Nacht soweit: Jedenfalls hat Helmut die Tomaten (bei Mariannes Gewächshaus) zum in den Garten Setzen abgeholt. Im Götzenberg hat die Nachbarin R. unter dem Fichtenzaun am oberen Gartenbereich gewirkt. Was wird sie wohl mit ihrer Haue gemacht haben? Selbst hab ich bei R. aufgegangene Mondviole-(Silberblatt)-Sämlinge pikiert. Gegen 19 Uhr hat ein Posaunenchor vor einem Haus in der Heilbronner Straße gegenüber dem Anwesen von Rolf S. (Pfarrer H.s Haus?) zu blasen angefangen. Was dafür wohl der Anlaß war? War es der Neipperger Posaunenchor?

6. Mai

Es war recht frisch. Geregnet hat's nur wenige Tropfen in der überwiegend bedeckten Nacht. Ab 9 Uhr 30 vergeht der Vormittag bei Isolde. (Dorthin komm ich mit dem Auto. Das nehm ich, um bei Barbara recht zum Mittagessen – sie hat uns eingeladen – zu kommen. Auch, um vielleicht noch vorher auf die KSK-Filiale in Dürrenzimmern zu gehen, zum Geldabheben etc. etc.)

Wieder ist's trüb – ohne daß es so recht zum Regnen kommt. Manchmal hat's gerade so stark getröpfelt, daß das Pflaster naß »ward«. Es bleibt »trüb« auch noch am Abend, als ich zur Johanniskirche-Probe fahre. Es bleibt trotzdem von oben herunter »trocken«. Beim Vorbeigehen an der VB Dürrenzimmern gegen 21 Uhr 45 noch 14° angezeigt.

7. Mai

Auch heute morgen ist's leicht bedeckt: Die Sonne scheint jedenfalls nicht. Sie wird aber im Verlauf des Tages tonangebend, so daß ich mich am frühen Nachmittag zur ersten Mehltaubekämpfung entschließe und mit der Kammerz von Marianne beginne. Bei der Kammerz an meiner Hauswand hört diese Arbeit »offiziell« auf. Wie N.s in ihrem Garten mit Düngerstreuen und Bohnenstecken beschäftigt sind, endet die Arbeit »Spritzen« durch das Schwätzle eine gute Weile später. Zur Vorbereitung auf die um 18 Uhr 30 beginnende Italienischstunde bleibt wenig Spielraum noch. Auch diesen nutze ich zu Telefonaten mit Dorothea B. und Anneliese E. (die ich aufmuntere, das Konzert des Kirchenchors für Sonntagabend 19 Uhr 30, in der Johanniskirche vorgesehen, zu besuchen). Was war wohl der Beweggrund gerade mit der Anneliese zu telefonieren?

Erst lange nach halb 11 Uhr vom Französischzirkel Haus B. zurück. War müde ... bin Buckel runtergelaufen.

8. Mai

Erst nach 7 Uhr aufgestanden. Neben Radiohören (SWR2) noch Zeit nötig zum Anstellen des Drahtgeflechts für Wicken beim Haus, weil man nicht die passenden Wengertpfähle hat. Erst zwischen halb 10 Uhr und 9 Uhr 45 im Städtle; treff dort Marianne. Schnell vergeht die Zeit bis 11 Uhr am Schreibtisch von Isolde. Nach Dürrenzimmern; Auto holen; zum Getränkeshop fahren, Sprudel kaufen. Ein heißer Tag bahnt sich an.

An einem Sommertag trifft sich der Chor am Abend noch in der Johanniskirche zur Generalprobe. Wir treffen uns schon um 19 Uhr 30. Dementsprechend ist alles <u>vorbei</u> um 21 Uhr, wo es noch 'n bißle hell ist.

9. Mai

Es wird wieder ein Sommertag mit viel Sonne. Die Stunden vergehen aber am Schreibtisch und bei Isolde. Die Korrektur von Isoldes Manuskript ist zeitaufwendig!

Sonntag, 10. Mai

Auch der Sonntag wird hell und leuchtend mit viel Sonne und von Tag zu Tag steigt die Wärme. Ich geh zur Kirche (K.), am Sonntag Kantate, mach mich aber schon am frühen Nachmittag wieder an Isoldes Korrekturbögen, wo der

Nachmittag vergeht wie im Flug. Marianne ist bei Barbara zum Mittagessen eingeladen. Schon um 17 Uhr muß man ans Abendbrot denken, denn um 18 Uhr war das Zusammenkommen für den letzten Schliff im Chor der Johanniskirche vorgesehen. Weil ~~das~~ unser Konzert erst um 19 Uhr 30 beginnt, verbleibt sogar noch eine »Schnaufpause« nach der Hauptprobe, die fast pünktlich um 18 Uhr angefangen hatte. Wunderschöne Chöre mit Orchesterbegleitung vor »vollem Haus« (Vorstellung der neuen Konfirmanden). Sogar noch ein paar Stühle aufzustellen war erforderlich.

11. Mai

Ein heller, warmer Sommertag wie seine Vorgänger vor Isoldes <u>PC</u>. Der Vormittag und die zweite Hälfte des Nachmittags <u>vergehen</u> beim gemeinsamen Ringen um Straffheit und Beweglichkeit im Text. Gut, daß heut abend keine Chorprobe ist. Frau B., Bönnigheim, ruft am Abend noch an. Ich erzähle ihr von dem gelungenen Musikabend in der Johanniskirche.

12. Mai

Nochmals ein recht warmer Sonnentag und nochmals hohe Ozonwerte. Kein Autofahrer schien aber auf die seit Sonntag (oder früher) durchgegebenen Ozonwarnungen Rücksicht genommen zu haben. Traubenstöcke bei Marianne und im Götzenberg mal <u>wieder</u> (zum zweiten Mal) mit Netzschwefel gespritzt. Für diejenigen an meiner Hauswand hat es nicht mehr <u>gereicht</u>, weil Erich K. das Men<u>üangebot</u> zum Übersetzen vorbeigebracht hat und das Gießen im Götzenberg nicht hängenbleiben durfte. Wer hat den Kasten ins Wasserfaß gestellt? Wer hat im Götzenberg von meinem Regenwasser brauchen können?

Meinen »Germinalabschnitt« für Donnerstag hab ich auch bearbeitet.

13. Mai

Mittwoch. Albrecht nimmt mich bis Böckingen, Klingenbergstraße, mit. 7:05 Uhr fährt er vor, kann ich ins Auto einsteigen. 7:20 Uhr in Böckingen ausgestiegen.

8 Uhr recht zum Termin in der gerontologischen Ambulanz. Freundliche Wegweiserin am Haupteingang. 11 Uhr 15 noch zur Urologie, wieder Wegweisung nötig. 11:50 aus'm Krankenhaus gekommen, Fußmarsch zur Aussteigestelle; dort 12 Uhr 30 schon eingetroffen.

Warten auf'n Chauffeur. Albrecht trifft (wie ausgemacht) 13:05 dort ein. Warten mit »Germinal« auf Mauerstein; guten Sitz gefunden.

Am Abend noch Nachspritzung im Götzenberg, wo am Montag Spritzbrühe zu Ende war. Bei Marianne sollte crise d'évanouissement mich überraschen.

14. Mai

Bei Isolde am Vormittag und Nachmittag. Am Abend noch Italienisch. Bei Frl. B. vorher abgemeldet. Es war Zeit für die Abmeldung (→ Herzstechen! Müdigkeit). Alles an Utensilien noch in die Reisetasche gepackt und doch den neu aus dem Schrank genommenen Schlafanzug vergessen.

15. Mai

Ausfahrt unseres Jahrgangs nach Idar-Oberstein und zum Hotel im Osburger Hochwald, 40 km südlich von Trier. Am ersten Tag Mittagessen und Idar-Oberstein Edelsteinmuseum. Edelsteinbearbeitung und Edelsteinschleiferei. Am Spätnachmittag Weiterfahrt nach <u>Kell</u>. Marschroute? Abendessen im Hotel.

16. Mai

Ausflug nach Luxemburg und Abstecher in die kleine luxemburgische Schweiz (mit drei Sternen im Guide auf der Heimfahrt).

Sonntag, 17. Mai

Ausflug an die Mosel. Abfahrt 9 Uhr über <u>Reinfeld</u>. Wir steigen in Schweich so um 10 Uhr in das Ausflugsschiff und fahren bis 13 Uhr moselabwärts bis Bernkastel-Kues, wo wir noch das Mittagessen nachholen. Rückweg über die gleiche Marschroute in umgekehrter Richtung. Das Theater in Trier beginnt 19 Uhr 30. Wir sind 18 Uhr 30 schon dort. Ab 19 Uhr füllt sich das Foyer überraschend schnell.»Am weißen Rößl am See«: heiterer Schwank mit vielen bekannten, recht lustigen Melodien. Ende der Vorstellung vor 22 Uhr.

18. Mai

Räumung des Hotelzimmers vor 9 Uhr 30. Fahrt nicht nach Trier; sie geht nach Mettlach. Vespern beim Parkplatz über der berühmten Saarschleife. Gegen 18 Uhr mit über einstündiger Verspätung am Bahnhof in Brackenheim zurück.

Um 20 Uhr reicht's noch zur Chorprobe. Am Abend noch bei Tengelmann eingekauft und Rettich im Götzenberg gegossen. Nachbar R. hat das Wasserfaß randvoll gefüllt gehabt (d' Heinzelmännle waren am Werk).

19. Mai

Bei Irene zum Mittagessen. Nach dem Mittagessen bei Isolde »Lagebesprechung«. Nachbar Walter R. und Frau im Götzenberg angetroffen. Gestern nur Frau R. gesehen.

20. Mai

Mittwoch. Eigenes <u>Auto</u> für die Fahrt nach Heilbronn-Bökkingen, Abfahrt 7 Uhr 45. Termin bei gerontologischer Ambulanz um 9 Uhr und in der Urologie des Heilbronner Krankenhauses.

Zum Mittagessen bei Isolde eingeladen: Pizza war ausgezeichnet. Kalte Nordseeluft macht »alles« viel kühler. Trotzdem keine Bedenken mehr, fünf Tomaten (5,–) zu kaufen und zwei davon in den Götzenberg zu setzen. Man muß das Gesetzte halt gut gießen.

21. Mai

Der vorwiegend »trübe« Fronleichnamstag (es hat nicht geregnet!) sieht uns vormittags und noch am Nachmittag (bis 16 Uhr) bei den Lesebögen. Frau B. hat angerufen und mich an mein Versprechen erinnert. Um 18 Uhr 20 nach Bönnigheim gestartet, um Frau B. zum Konzert in der Johanniskirche abzuholen. Der Zufall wollte es, daß ich für 15,– DM zwar einen Stuhlplatz bekam, dieser aber in doppelter Weise besser als 'n Bankreihenplatz war (weil er ziemlich weit vorn war mit freier <u>Sicht</u> zum Chor, weil der Herr M. (Vater von Christine) mein Nebensitzer (links von mir auf dem äußersten Platz der Bankreihe) wurde).

22. Mai

Freitag. Tagesablauf meist von Sonne geprägt, recht kühl; »stellenweise leichter <u>Bodenfrost</u>« im Abendwetterbericht. Tante Claudia steigt aus. Isolde hat sie gesehen. Die frisch gesetzten fünf Tomaten »zugebunden«. Im übrigen Großteil des Tagesablaufs bei Lesebögen und gemeinsamer Korrekturarbeit. <u>Kammerz</u> bei Marianne vom »Ballast« freigemacht.

23. Mai

Samstag. Traubenstöcke an Hauswand kräftig »gelichtet« und auch noch gespritzt (auch die im Götzenberg gespritzt); den Rest des Schwefels dazu verwendet. Wenn es nur wieder mal ergiebig regnen würde: Die Risse im Götzenberg werden klaffender. Es ist wieder überwiegend »trübe«.

Sonntag, 24. Mai

Ab 8:45 Fortsetzung der Lesebögen bei Isolde bis zum Mittag, wo mich schon um dreiviertel 12 die Marianne erwartet. Die Sendung »Glaubensfragen« (SWR2-Kultur) hör ich während des Mittagessens bei Marianne zwischen 12 Uhr 05 und 12 Uhr 35. Der Nachmittag war dem Zusammenstellen der Rechnung gemünzt. Es kam aber nicht dazu. Trotzdem sind die Stunden vorwiegend am Schreibtisch (zuerst bei Isolde) vergangen. Zum Gottesdienstbesuch kommt es wegen der Korrekturarbeit nicht.

Die Nacht zum Sonntag war nicht so kalt wie die zum Samstag. Hans N. sieht mich beim Aufbinden der gestern noch einzubindenden Tomaten.

25. Mai

Das Wetter <u>macht</u> »Saltos«. Überwiegend Sonnenschein am Vormittag führt zu Beschluß, das Spritzen vom Samstag nochmals zu wiederholen. Da fängt nach 16 Uhr (ich wollte grad noch in den Götzenberg, die Samstagspritzung wiederholen) doch ein ca. 15 Minuten anhaltender, einweichender Regen an, bevor die Spritzbrühe getrocknet war. Danach wird es wieder zusehends heller am Firmament und gegen 19 Uhr läßt sich die Abendsonne in ganzer Pracht noch sehen. Dann kommen von Westen erneut Wolken auf und es war vernünftig, den Regenschirm mitzunehmen bei der Fahrt zur Chorprobe. Es regnet (kurz), als wir rauskommen um 10 Uhr aus dem Saal.

Jetzt ist auch der »rückständige« Nußbaum im Götzenberg schon <u>aufgeblüht</u>.

26. Mai

Der Wetterberichtansager kommt auch nur noch schwer mit seiner Aufgabe zurecht. Am frühen Morgen regnet es kurze Zeit kräftig, hört aber ach!! zu früh wieder ganz auf. Für den Tag sind mehr Wolken und Regen als Aufheiterungen vorhergesagt. Das Gegenteil tritt hier ein: Es regnet den ganzen Tag nicht mehr. Ja, die Wolken lösen sich mehr und mehr im Verlauf des Nachmittags auf. Bei Sonnenuntergang ist das Firmament fast offen. Dabei hab ich doch so auf Eintreffen der Wettervorhersage gehofft. Frankfurter Eintracht im Oberhaus.

Am Nachmittag 14 Uhr 30 Termin beim Frisör. Ich beeile mich, nicht zu spät zu kommen. Vergebliche Mühe! Es sitzt schon einer im Haarschneidestuhl. Fast eine halbe Stunde vergeht, bis es soweit ist.

Die Bettina ist endgültig: Sie hat mir die Schlüssel zurückgegeben. Fuhr vor erst nach 20 Uhr.

27. Mai

Am Vormittag immer aufs Regnen gewartet; vergebliches Hoffen. Isolde hat mir neun Zettel mitgegeben. Gestern schon fünf davon »studiert«. Heut vormittag die restlichen vier: Nachmittag-Sitzung bei Isolde. Wir kommen bis zum achten Zettel. Die Kleine läßt sich nicht mehr zügeln (offenbar ist's ihr langweilig). Andrea hat ihr bei mir 'n paar Frühkirschen »gezopft«. Schon gestern abend die noch nicht zu weit rot gewordenen Frühkirschen verspeist. Sie schmecken den Amseln, also au mir. Am Abend Gewölk aufgezogen. Um 21 Uhr 30 herum ist schon sehr fortgeschrittene Abenddämmerung. 21 Uhr 30 → die Nacht zieht auf. Kornblumen im Götzenberg fangen jetzt an aufzublühen. Klatschmohn fast in voller Blüte. Blattläuse nehmen von Tag zu Tag zu.

Pfingstsonntag, 31. Mai

Zwischen 7 Uhr 30 und 8 Uhr abends wird es dunkler und dunkler. Noch vor 20 Uhr erstes Donnerrollen und Blitze künden das nahende Gewitter an: viel Wind, viel Donner, wenig Regen. Wie viel l/m² mögen es wohl gewesen sein? Jedenfalls findet ein heller, warmer Sonntag, der am Nachmittag immer mehr von Sonnenschein geprägt war, so ein überraschendes Ende.

Eine andere Überraschung: Ich finde mich am Boden liegend beim Frühkirschbaum wieder. Blutspur auf der Hand löst »ahnungsvollen« Verdacht aus: Es muß wohl länger gedauert haben, dieses völlige bewußtlose Liegen. Ist es bei Kirschenstupfeln schon 4 Uhr gewesen?

War der Streß der letzten zwei vorausgehenden Tage, wo es mit der Abfassung des Briefes an das Landesamt nicht vorwärts gehen wollte, wohl der Auslöser? War es am Freitag, den 29. Mai, oder am Samstag, den 30. Mai, wo ich schon vor 5 Uhr aufgestanden bin – der Meinung, jetzt die annehmbare Formulierung gefunden zu haben? Jedenfalls war der Wille, am Schreibtisch auszuharren, dominierend und die Stunden flogen nur so dahin: Um 10 Uhr fällt mir ein, daß das Frühstück noch gar nicht eingenommen wurde. Die Anspannung vertrieb das Hungergefühl. Fünf Brezeln und ein Paket Brandzwieback von Bäckerei Reichert geben den Ersatz für den versäumten Morgenkaffee mit Frühstück.

*

Am Pfingstsamstag, 30. Mai, ist der Sonnenschein mehr und mehr wetterprägend geworden. Das läßt mich noch nach 17 Uhr (18 Uhr?) den Entschluß fassen, die nächste Spritzung der Weinstöcke gegen Äscherich anzupacken. Vorher Gescheine am Kammerzstock auch am Haus freigelegt von zu viel Blättern. Nach dem Spritzen noch Pfirsich auf dem Erdwall von kräuselkranken Blättern teilweise befreit und überschüssigen Pfirsichansatz gelichtet. Der Großteil der Zeit ist wieder vergangen mit dem Abfassen des Briefes ans Landesamt. Erst am Sonntagmorgen hab ich endgültig aufgegeben und ab dreiviertel 8 Uhr SWR2-Kultur eingeschaltet und SWR2-Forum über Ergebnisse der Vitaminforschung angehört. Es hat auch noch zum Pfingstgottesdienst (mit Abendmahl) gereicht. Die Neigung, statt in die Kirche zu gehen, mit dem Sortieren der Arztrechnungen weiterzumachen, war groß. Gottfried S. mit Frau Hanna mit dem Auto angekommen. Reinhold sitzt schon in hinterster Bankreihe neben Karl M.

Am 29. Mai (oder am 30.?), wo ich das Dorle, geb. V., bei LIDL an der Kasse stehend gesehen habe. Dorle und noch ein Einkäufer haben mir den Vortritt gelassen, weil ich nur Orangen und Bananen allein zu zahlen hatte. »Das lohnt sich ja gar nicht ... etc.«

Pfingstmontag, 1. Juni
Meine Rechnungen übersichtlich ausgelegt (auf Fußboden). Meine Passage im »Germinal« bearbeitet.
Im Gottesdienst war ich nicht.
Isolde hat abends angerufen. Längeres Abendtelefonat mit Ruthle H. Regentonnen am Garagentürle und am Garagentor geleert. Am Abend des Pfingstdienstags, 2. Juni, war ein Gewitter. Es kündigte sich dadurch an, daß es gegen 17 Uhr immer finsterer wurde. Ich blieb lange über 22 Uhr in der Küche, denn der anhaltende Nachregen schaffte es, die Tonnen zu füllen.

3. Juni

War wieder ein warmerer, sonniger Tag. Mit Lesebögen von Isolde beschäftigt. Am Morgen erst um 8 Uhr zum Schalter in der Blumenstraße. Zeitung war schon weg. Brot- und Brezeleinkauf bei Bäcker Reichert.

Morgens und nachmittags bei Isolde.

Den schwierigen Brief für die Beihilfe-Abrechnung endlich abgeschlossen. Dem Antrag auf Beihilfe steht jetzt nur noch das Problem entgegen, daß die Wolfgang K.-Rechnungen nur mit Stempelkopie einfach vorhanden sind.

5. Juni

Werde von Herrn B. um 17 Uhr abgeholt zum Mitfahren zur Tagungsstätte Löwenstein. Wir fahren dem Gewitter entgegen, streifen es aber nur noch beim Ausklingen zwischen Schozach und Ilsfeld. In Talheim Richtung Schozach abgebogen, anstatt direkt weiterzufahren nach Untergruppenbach über Happenbach, Unterheinriet.

6. Juni

Kurzer Morgenspaziergang. Fruchtansatz der amerikanischen Roteiche beobachtet. Am Nachmittag schönstes Sommerwetter. Nach Mittagessen: Fahrt zur Hauptprobe von Tagungsstätte zur Willsbacher Kirche: mitgesungen. Im Willsbacher Gemeindehaus werden wir mit Kuchen und Kaffee bewirtet. Geselliger Abend in der Aula der Tagungsstätte. Wage nicht, das Pfälzer Mundartgedicht »Bauernkrieg« aus'm Stegreif vorzutragen.

Sonntag, 7. Juni

Trinitatis. Gottesdienst in Willsbach miterlebt. B.s getroffen. Rückfahrt von Tagungsstätte Löwenstein nach dem Mittagessen (nicht mitgesungen, weil zu lange wach gelegen in der Nacht auf Sonntag).

8. Juni

Verzweifeltes Bemühen um richtige Summe im Beihilfeantrag. Am Vormittag und am Nachmittag gekämpft, dann aufgegeben. Vorher: weitere Mehltau-Anspritzungen der Kammerz im Götzenberg. Schlecht geschlafen: zu spät den Schreibtisch verlassen.

9. Juni

Termin bei Wolfgang K.: EEG. Bananeneinkauf bei LIDL. Brief mit Beihilfeantrag weggeschickt. Auf Post längere Wartezeit, bis jemand am Schalter erscheint. Korrekturbogen von Isolde am Nachmittag in »Angriff« genommen. Vor EEG Haare gewaschen.

10. Juni

Sonne scheint beim Sonnenaufgang, z.B. um 6 Uhr. 8:50: Treff Irene bei LIDL. Es regnet um 10 Uhr. Um 9 Uhr war es schon windig. Um 13 Uhr regnet es noch! Andrea bringt mich im Auto zu Marianne: 12 Uhr! 13:30: Marianne nimmt mich mit nach Dürrenzimmern. Mach die Klappe hoch: Regentonne ist schon voll. 13:40: Fußmarsch zu Isolde mit Regenschirm von Isolde. Ab 14 Uhr nochmals Sitzung Korrekturlesen. Nachmittag bleibt trocken, windstill und warm.

Fronleichnam, 11. Juni

Von Wolken durchsetzte Aufheiterungen räumen am Nachmittag zunehmend heiterem Himmel das Feld. Die schönste Abendsonne: verspielter Wechsel von Schatten und Licht auf dem Schreibtisch und den draufliegenden Papieren. Die Kirschen im Garten von Barbara und Reiner sind schon ziemlich reif, besonders oben. Meine um sechs Sprossen verkürzte Leiter reicht nicht so recht bis dahin. Gretel B. in der Blumenstraße getroffen: e bißle baatscht.

600,– DM an Marianne. Vormittag und Nachmittag vergehen über Brief an DKV.

12. Juni

Düster zieht der Tag herauf. Es sieht nach Regen aus schon um halb 7 Uhr. Den Tag über relativ windig. So trübe Wolken, als ob zu jedem Augenblick der angesagte »länger anhaltende Regen« einsetzen würde. Es blieb dann bei den wenigen Tropfen, die kaum die Straße naß gemacht haben. Schon vor 9 Uhr zur Post mit Brief an DKV.

Weiter zu Isolde – wir verabreden uns auf Treffen um 14 Uhr. Auf'm Heimweg noch am Götzenberg vorbei. Dort vom Blattlaus-Zerdrücken – jetzt auch z.T. an Kornblumenstengeln – und Kirschen-Stupfeln bis 9 Uhr 35 angehalten. Die letzten Minuten der »Musikstunde« gerade noch mitbekommen. Ab 14 Uhr bei Isolde bis 16 Uhr. Wir hören auf. Weitere Sitzung soll am Sonntag stattfinden.

Kalter Tag. Schafskälte?

13. Juni

Aus mit dem Regen! Am Nachmittag hat sich auch die Wolke mehr und mehr aufgelöst. Die Sonne hat sich wieder durchgesetzt und es ist wärmer geworden am Abend.

Um 11 Uhr noch auf'n Recyclinghof gefahren, weil es windstill ist und auch zunehmend sonnig, empfiehlt sich die Fahrt heute. Treffe auf Hochbetrieb. Einige Container sind bis zum Rand voll. Nach Recyclinghof Einkauf bei LIDL: Helga H. mit ihrer Tochter von Kasse aus gesehen. Rolf mit Matthias ist da um die Mittagszeit. Rolf gesagt: »1:25000 westlich von 1:25000 Reckenhausen«. Wie viele Schwefel-Spritzungen? Weil das Wetter so schön geworden ist, kein Risiko. Matthias hilft mit bei meinem Vorhaben, die halb kultivierten Kirschen am Rand des Fahrradwegs zu zopfen. Er zopft sie dauernd mit dem Laub und den Knöpfen als »Miniästchen«.

15. Juni

Erstaunlich, wie die Wolken immer wieder dem »Heuwetter« das Feld räumen. Deshalb auch wärmer gegenüber gestern und vorgestern. Vielleicht doch noch Traubenblühwetter? Vormittag vergeht mit Zusammenstellung der Belege für Steuererklärung. Um 11 Uhr ruf ich T. an. Man sagt mir: Frau S. sei noch einige Tage im Urlaub. Man sagt mir nicht, daß auch Steuerberater T. mit Frau nicht anzutreffen ist. Ärger, als ich 11 Uhr 45 in dem Büro Schießreinstraße aufkreuze und erfahre, daß weder Frau S. noch das Chefehepaar anzutreffen sind. Nehm meine Sachen wieder mit. Auf'm Weg nach Hause noch bei Tengelmann eingekauft und B.sche Kirschen als Mittagsverpflegung verspeist. Selbst hab ich noch weniger Kirschen auf meinen zwei Bäumen. Zwei weitere Kannen Gießwasser aus dem Regenzuber verwendet für Rettichgießen, Asterngießen. Am Nachmittag Anruf von H., Klingenberg, wegen Nummer vom Girokonto. 345,– Verwaltergebühren werden künftig vom Girokonto direkt überwiesen. Rechnung erhalte ich nicht mehr.

*

« La vie » – ... d'un journal. Samedi, 15 août 1987
Sciences : Parmi les futurs astronautes ouest-allemands une championne olympique bonne pour l'espace. Bonn vient de désigner trois hommes et deux femmes qui effectueront les vols à bord de la navette américaine dans les années 90.
Bonn : Jean-Paul Picaper
L'équipe allemande de l'espace, pour les années 90, vient d'être présentée à Bonn. Elle est constituée de deux femmes et de trois hommes, sélectionnés sur mille sept cent soixante-dix-neuf personnes – dont 80 % de sexe masculin – en fonction de leur formation physique, de leur aptitude physique et psychique. Le choix définitif de deux astronautes qui participeront à la prochaine mission allemande « D2 » qui doit avoir lieu avec la Nasa en 1991, sera fixé un an avant le départ. Sur les deux femmes sélectionnées, l'une Heike Walpot, surprend par sa médaille de bronze obtenue aux championnats d'Europe de natation de 1977. Un an plus tôt, elle avait frôlé la médaille d'or olympique. Cette athlète de 1,77 m, soixante-dix kilos, âgée de vingt-sept ans seulement, a passé outre-temps un doctorat en médecine. Ni sa fille Christine ni son mari Luc, un journaliste belge, n'ont peur pour elle. « C'est mon mari qui avait dé-

coupé l'annonce de journal pour le concours d'admission à la mission spatiale » assure-t-elle. Renate Luise Brümmer, sa coéquipière, plus âgée de cinq ans, chercheuse en météorologie depuis six ans au centre de Boulder (Université Colorado) est la compagne d'un Américain Joseph Maclennan. C'est une passionnée de photographie. Originaire de Munich-Germering, elle a l'accent de la Bavière et ... des usines Messerschmitt (MBB) quand elle dit: « Les vols dans l'espace ne sont plus dangereux que l'automobile. » Car MBB a coopéré à la fabrication du laboratoire Spacelab qui, transporté en orbite en 1991 par une navette américaine, permettra aux astronautes allemands de travailler dans l'espace pendant huit jours.

Au moins un de trois hommes sélectionnés prendra la place dans Spacelab des Allemands Messerschmid et Furrer qui ont volé en 1985. Deux des élus ont trente-trois ans. Ce sont Gerhard Thiele, physicien, marié, deux enfants, travaillant actuellement dans la recherche à l'Université de Princeton, et Ulrich Walter de Cologne, mais physicien à l'Université Stanford. Leur aîné de trois ans, Hans Wilhelm Schlegel, a trois enfants. Physicien à Aix-la-Chapelle, il pourra partager son mal du pays avec Heike Walpot s'ils partent ensemble. Elle vient également de cette ville. L'entraînement en Allemagne et à la Nasa durera trois ans et coûtera 7,5 millions de francs par personne. Les futurs astronautes devront se familiariser avec le vol, mais aussi avec soixante-dix à quatre-vingts expériences scientifiques au programme du voyage. Heinz Riesenhuber, ministre ouest-allemand de la Recherche, espère même que le vol aura lieu en 1990.

»Wir fragten nicht nach Geld,
die Liebe und der Ruhm,
das war für uns die Welt.«